भारतीयसन्दर्भे मानवाधिकारशिक्षा

Human Rights Education in Indian Context

लेखकः
डॉ. परमेशकुमारशर्मा

सम्पादिका
श्रीमती प्रज्ञा

प्रकाशकः

Pharos Books

ISBN   –   978-93-88720-37-3
संस्करणम्   –   प्रथमम्
प्रकाशनवर्षम्   –   2022

आकल्पनम्   –   सुरेन्द्र कुमार

प्रकाशकः:–   **फॅरोस बुक्स प्रा. लि.**
प्लॉट नं.–55, मेन मदर डेयरी रोड,
पांडव नगर, ईस्ट दिल्ली–110092
मो:– 011– 40395855, 8368220032
ई-मेल: sales@pharosbooks.in
वेबसाइट: www.pharosbooks.in

शुभकामना:

यथा सर्वाणि भूतानि धरा धारयते समम् ।
तथा सर्वाणि भूतानि बिभ्रत: पार्थिवं व्रतम् ॥ (मनुस्मृति:, 9.311)

समानता एव मानवाधिकाराणाम् आधारशिला । ऋग्वेदस्य 'सङ्गच्छध्वं, संवदध्वं सं वो मनांसि जानताम्' इति मन्त्रे इयं भावना हि सङ्गीतबद्धा । अस्य भावस्य प्रचार: प्रसार: एव मानवाधिकारशिक्षाया: मूलम् । एष एव मानवाधिकाराणां शिक्षणोद्देश: । एषा पवित्रा भावना एव मूलशिक्षा । 'मनुर्भव' इति भावनायाम् एष: एव विचार: सङ्कल्पित: । अस्य सङ्कल्पितस्य विचारस्य उद्गमस्थली अस्माकं भारतभूमि: एव । लेखकेन अतीव स्पष्टरूपेण प्रारम्भे एव संसूचितं यत् 'अस्माकं भारतीयपरम्पराया: धर्मशास्त्रं सततं मानवाधिकारसंरक्षणाय सुतरां स्वीयं योगदानं विदधाति ।' एष: वैश्विक: सन्देश: भवेत् इति विचारं स्वीकृत्य विदुष्या: प्रज्ञाया: सम्पादने सृष्टस्य अस्य पुस्तकस्य लेखकेन आचार्येण परमेशेन इयं सृष्टि: सृष्टा । यद्यपि एष: विषय: अद्यत्वे शिक्षाशास्त्रस्य पाठ्यक्रमे स्थापित: । तथापि इयं कृति: 'सर्वजनहिताय सर्वजनसुखाय' इति भावनां मनसि निधाय रचिता इति अस्य पुस्तकस्य पठनेन स्पष्टतया भासते । पुस्तकस्य रचनायां लेखकस्य आन्तरिकी प्रेरणा विराजते इति पुस्तकस्य भूमिकां पठित्वा अनुभूयते । पुस्तकस्य आयाम: न केवलं बृहान् अपितु व्यापकत्वेन सुसज्जित: सुव्यवस्थित: च । 'भारतीयपरिप्रेक्ष्ये मानवाधिकार:' इत्यस्मिन् प्रथमे अध्याये मानवाधिकाराणां सन्दर्भे विस्तरेण चर्चा कृता । एवमेव अन्ताराष्ट्रीयसन्दर्भे मानवाधिकारै: सम्बद्धानां विभिन्नानां घोषणापत्राणां माध्यमेन सामयिकीं परिस्थितीं स्पष्टीकर्तुं लेखकेन प्रसन्नतया पठने लेखने च परिश्रम: कृत: एतदर्थम् आचार्याय परमेशाय भूयो भूयो वर्धापनम्, विशेषतया बालायोगं विविधसंस्था: च प्रति अवधानार्थम् । भारते संविधानं मानवाधिकारान् च अधिकृत्य राज्येन कृतप्रयासा:लेखकेन समीचीनरूपेण अभिव्यक्ता: । मानवाधिकाराणां विकासे

विविधानाम् आचार्याणां भूमिकया सह मानवाधिकाराणां परिप्रेक्ष्ये सम्बद्धा पारिभाषिकी शब्दावली अपि अत्र प्रदत्ता इति प्रेरणात्मक: प्रसङ्ग:।

विदुष्या प्रज्ञया पुस्तकस्य सम्पादनम् अपि अतीव कुशलतया कृतम्। सम्पादिकया लक्ष्यं सुस्पष्टमेव यत् -

"They (Human Rights) should be protected by any means to ensure the progress of India and harmony and peace among its masses."

अस्य लक्ष्यस्य पूर्त्यर्थं लेखकस्य सम्पादिकाया: च कृते शुभकामना: ....

वाराहीमात्मयोनेस्तनुमवनविधावांस्थितस्यानुरूपां
यस्य प्राग्दन्तकोटिं प्रलयपरिगता शिश्रिये भूतधात्री।
म्लेच्छैरुद्विज्यमाना भुजयुगमधुना संश्रिता राजमूर्ते:
स श्रीमद्वन्धुभृत्यश्चिरमवतु महीं पार्थिवश्चन्द्रगुप्त:।।

चान्दकिरण:
संस्कृतसंवर्धनप्रतिष्ठानम्, दिल्ली।

श्री लाल बहादुर शास्त्री राष्ट्रीय संस्कृत विद्यापीठ

(मानित विश्वविद्यालय)

कुतुब सांस्थानिक क्षेत्र, नई दिल्ली- 110016

Shri Lal Bahadur Shastri Rashtriya Sanskrit Vidyapeeth

(Deemed University)

Qutub Institutional Area New Delhi - 110016

14-05-2019

प्राक्कथनम्

अनादिकालतः भारतोऽयं देशः तत्त्वज्ञानार्जने रतो विद्यते । मानवस्य विषये सर्वदा चिन्तनं मुनयोऽकुर्वन् । कोऽहं कुतोऽहम्? कस्माद् वयमागतवन्तः? सृष्टिः कथं भवति? अस्याः सृष्टेः किं कारणम्? कश्च मानवस्य अधिकारः? इत्यादिविषये मुनयः सदाचिन्तयन् । सर्वप्रथमं वेदेषु मानवानामधिकारस्य विवरणमुपलभ्यते । तदनन्तरं स्मृतिषु, पुराणेषु, शास्त्रेषु च मानवाधिकार उपलभ्यते । मानवाधिकारमाश्रित्य डॉ. परमेश शर्मा ''भारतीयसन्दर्भे मानवाधिकारशिक्षा'' इति ग्रन्थस्य रचनां कृतवान् । ग्रन्थेऽस्मिन् भारतीयपरम्परायां मानवाधिकाराणां स्वरूपं किमुपलभ्यते । मानवाधिकाराणां सामान्यावधारणा का? अन्ताराष्ट्रीयस्तरे संयुक्तराष्ट्रसंघः मानवाधिकाररक्षायै कं कं प्रयत्नं करोति? मानवाधिकारविषये के के पारिभाषिकशब्दाः सन्ति । भारतीयसंविधाने मानवाधिकाराः के के सन्ति । एतेषां सर्वेषां विषयाणां निरूपणं शर्ममहोदयैः ग्रन्थेऽस्मिन् कृतम् । ये केऽपि छात्राः जिज्ञासवश्च मानवाधिकारविषये संस्कृतभाषायां पठितुमिच्छन्ति तेषां कृते ग्रन्थोऽयमत्युपयोगी विद्यते । सर्वकारः मानवाधिकारविषये चिन्तयति अथ च क्रियान्वयनार्थं स्नातकपाठ्यक्रमे संयोजयति तदर्थं ग्रन्थोऽयमुपकारी विद्यते ।

(प्रो. हरेरामत्रिपाठी)

दर्शनसंकायप्रमुखः

प्रो. एम्. चन्द्रशेखरः
आचार्यः, शिक्षाशास्त्रविभागः
राष्ट्रियसंस्कृतसंस्थानम्,
मानितविश्वविद्यालयः
लखनऊपरिसरः, लखनऊ

Prof. M. Chandrashekhar
Professor Deptt. of Education
Rashtriya Sanskrit Sansthan
(Deemed University)
Lucknow Campus, Lacknow (U.P.)

FOREWORD

It is a matter of immense pleasure to write the foreword for the book titled "Human Rights Education in Indian Context" written in Sanskrit by my beloved student Dr. Parmesh Kumar Sharma, Assistant Professor in Education at LBSR Sanskrit Vidyapeeth (Deemed University) New Delhi.

The concept of Human Rights is deep rooted in freedom of thought and the dignity of human being. The word 'Human Rights' bears multiple complexities and dynamics. Understanding human rights and its provisions is challenging but gives empowerment, and Sanskrit teachers can play important role in taking it down the line with their students with reference to the Indian context. It is rightly said that knowledge is empowerment. This book will successfully enable young students and teachers to understand Human Rights issues and pertinent laws related to it. The objective of this book is to cover and capture all the aspects of Human Rights and the book contains eight chapters including glossary.

In the Introduction, human rights in national and international perspective has been described along with measures and various organization working for the cause.

This book has been written according to the curriculum designed for Teacher Education Program. The first chapter elaborates Human rights in the Indian context which have been mentioned in Dharamshashtra and Darshana.

I extend my sincere and heartfelt wish to Mr. Parmesh for this sincere and fruitful effort. I am sure that this book will meet the expectations of its readers and will enable to understand Human rights issues in totality and from all perspectives.

I wish him all the success for this book.

(PROF. M. CHANDRASHEKHAR)

श्री लाल बहादुर शास्त्री राष्ट्रीय संस्कृत विद्यापीठ

(मानित विश्वविद्यालय)

कुतुब सांस्थानिक क्षेत्र, नई दिल्ली- 110016

Shri Lal Bahadur Shastri Rashtriya Sanskrit Vidyapeeth

(Deemed University)

Qutub Institutional Area New Delhi - 110016

पुरोवाक्

संसार के सभी धर्म मानव को श्रेष्ठ बनाने का लक्ष्य स्वीकार करते हैं। प्रारम्भ में मनुष्य को ऊँचा उठाने का कार्य मनुष्य में श्रेष्ठ गुणों को विकसित करने का कार्य एवं मानव को सम्पूर्ण मानव जगत से प्रेम करने की शिक्षा देने का कार्य धर्म करता था। कालान्तर में पश्चिम में चर्च और राज्य के संघर्ष के परिणामस्वरूप धर्म निरपेक्ष शिक्षा की स्वीकृति के कारण मानवीय गुणों के विकास का कार्य धर्म से पृथक् करके नैतिक शिक्षा के जिम्मे आ गया। नैतिक शिक्षा के सैद्धान्तिक पक्ष पर अधिक बल देने और व्यावहारिक पक्ष की उपेक्षा के कारण श्रेष्ठ मानवीय गुणों के विकास का कार्य मन्द पड़ गया और शैक्षिक जगत में मूल्य शिक्षा पर बल दिया जाने लगा। मूल्य शिक्षा तब तक अपूर्ण है जब तक मानव को उसका अधिकार नहीं मिलता। एक के बिना दूसरे का अस्तित्व निरर्थक है। मानवाधिकार की गारण्टी, मूल्य सम्प्राप्ति की गारण्टी बन सकती है। मानवाधिकार का एक सशक्त पक्ष विधिक पक्ष है। मानवाधिकार के उल्लंघन को संज्ञेय अपराध मानकर उसके लिए दण्ड का विधान किया जाता है। वस्तुत: मानवाधिकार वे अधिकार हैं जो प्रत्येक मानव को मानव होने के नाते सामाजिक वातावरण में रहते हुए जीवन में विकास एवं उत्कर्ष के लिए प्राप्त होते हैं। मानवाधिकारों का उपयोग कर मानव अपनी शारीरिक, आर्थिक, सामाजिक तथा अन्य उपयोगी आवश्यकताओं की निर्बाध रूप से पूर्ति कर व्यक्तित्व का समग्र विकास करने में समर्थ हो पाता है।

सृष्टि की प्रक्रिया के साथ-साथ विभिन्न विचारकों ने मानव के कर्म, स्वभाव और अधिकार की विवेचना की है, वेद अपौरुषेय होने के कारण, सम्प्रदाय पन्थ और मत-मतान्तरों से रहित है। उसमें मानवता के विधायक तत्त्वों के विश्लेषण का वैज्ञानिक विवेचन है-

महाभारत का कथन है – 'न हि मानुषात् श्रेष्ठतरं हि किञ्चित्' अर्थात् मनुष्य से श्रेष्ठ इस संसार में कुछ नहीं है। भारत 'वसुधैव कुटुम्बकम्' का आदर्श- सारे संसार को कुटुम्ब के रूप में स्वीकार करने की शिक्षा देता है। यजुर्वेद में कहा गया है – 'पुमान्पुमांसं परिपातु विश्वत:' अर्थात् इस धरा पर पुरुष ही पुरुष की रक्षा करें।

मानव मन संकल्प वाला है, संकल्प कार्य करने के सामर्थ्य का आधार है। कार्य आरम्भ करने का सामर्थ्य का नाम अधिकार है, ये अधिकार ईश्वर प्रदत्त है तथा सृष्टि के आदि काल से ही प्रत्येक मानव को प्राप्त है। यदि सृष्टि का कोई प्रयोजन नहीं होता तो सृष्टि सृजन निरर्थक होता। वेद सृष्टि का संविधान है, तो यह कैसे हो सकता है कि सृष्टि के सर्वोत्तम प्राणी मानव के अधिकारों का उसमें वर्णन न किया गया हो। मानव ईश्वर की सर्वश्रेष्ठ कृति होने के कारण विचारकों, दार्शनिकों का केन्द्रबिन्दु रहा है। समय-समय पर उत्पन्न हुए विभिन्न मनीषियों ने वैदिक शिक्षा से जीवन दृष्टि प्राप्त की है और संसार को जीवन-दर्शन की सर्वोत्तम शिक्षा का संदेश दिया। वेद मानवीय मूल्यों का आदिप्रेरक है, विश्व के मानवमात्र की संस्कृति है, उसमें मानवाधिकार की संकल्पना है। पश्चिमी जगत् में मानवाधिकार की विचारधारा का विकास भारत की अपेक्षा कुछ बाद में हुआ किन्तु उसका कानूनी एवं संवैधानिक रूप पहले आया।

डॉ. परमेश शर्मा द्वारा लिखित पुस्तक 'भारतीयसन्दर्भे मानवाधिकारशिक्षा' की हस्तलिपि देखकर मुझे अपार हर्ष हुआ भारतीय संदर्भ में मानवाधिकार पर पुस्तक लिखना कोई सरल काम नहीं है। जो कुछ पुस्तकें इस विषय पर उपलब्ध है, उनमें वह विस्तार देखने को नहीं मिलता, जो डॉ. परमेश शर्मा की इस पुस्तक में परिलक्षित होता है। यह पुस्तक शिक्षाशास्त्री, शिक्षाचार्य, विशिष्टाचार्य, विद्यावारिधि तथा अध्यापक शिक्षकों को ध्यान में रखकर लिखी गई है। मुझे विश्वास है कि छात्राध्यापक, अध्यापक, शिक्षक, शिक्षाविद् इस पुस्तक का स्वागत करेंगे और इस पुस्तक की पाठ्यसामग्री, इसमें बतलाई गयी महत्त्वपूर्ण और उपयोगी तथ्यों तथा भारतीय सन्दर्भ में जो विश्लेषण इसमें किया गया है, उससे लाभान्वित होंगे। मैं डॉ. परमेश शर्मा को ऐसी महत्त्वपूर्ण पुस्तक लिखने पर साधुवाद देता हूँ और आशा करता हूँ कि भविष्य में अपने लेखन से वर्तमान और भावी पीढ़ी के छात्र, छात्राध्यापकों अध्यापक, शिक्षकों की सेवा अनवरत करते रहेंगे।

19-05-2019

नई दिल्ली

(प्रो. रमेश प्रसाद पाठक)

पूर्वसंकायप्रमुख एवं विभागाध्यक्ष

वरिष्ठ आचार्य, शिक्षा संकाय

श्री ल.ब.शा.रा.सं. विद्यापीठ

नई दिल्ली – 16

आत्मनिवेदनम्

भगवतोऽनुग्रहेण कृपया वा जीवने किमपि नूतनं कार्यं केनापि क्रियते। मानव: केवलं चिन्तयितुं शक्नोति यदेतत् कार्यं मया विहितमिति किन्तु सर्वस्य प्रकृतिजातस्य कर्ता स एवेति अनुभवेन ज्ञायते। वास्तविकरूपेण पुस्तकस्यास्य समुत्पत्ते: कारणमपि एवमेव। कदापि जीवने न चिन्तितं यदेताद्दशमानवाधिकारसम्बद्ध: विषय: लेखिष्यत इति। सहसैव अस्य विषयस्य पाठनावसर: लब्ध:। तस्मिन् काले प्रथमतया पाठनाय यदा कक्षां गतवान् तदा बहु कष्टम् अनुभूतम्, यत: पाठनदृष्ट्या अयं विषय: सर्वथा नूतन: आसीत्। छात्राणां साहाय्येन यथा कथञ्चित् पाठितं किन्तु आत्मग्लानि: महती आसीत्। तत्र प्रमुखरूपेण य: विषय: आसीत् स: तु संस्कृतेन आधुनिकविषयस्य पाठनस्य आसीत्। छात्राणां पुरस्तात् विषयोऽपि उपस्थापित:- पाठनन्तु संस्कृतभाषयैव करिष्यते। किन्तु बोधनसामर्थ्यं न तथा प्रभाविरूपेण पाठने दाक्ष्यं प्राकल्प्यत। अन्तेवासिनां पूर्वकल्पना संस्कृतेन पठितुं कठिन: विषय इति तस्या: कल्पनाया: कथञ्चित् ध्वंसनं कर्तव्यमिति सङ्कल्प: पौन:पुन्येन कृत:। रात्रे: निद्रा तदा गता। आरात्रि शयनमेव न भवति स्म यत् एकमासपर्यन्तं विनूतन: अयं विषय: बोध्य:। यश्च छात्रजीवने कदापि न अधिगत: पठितश्च। यद्यपि एकमासकालस्य सहजतया यापनावसर: आसीत्। किन्तु रणाह्वानस्वीकरणं जीवने सदा रोचते तत्कारणेन रणाह्वानं स्वीकर्तुम् अनेन विषयेण साकं न्यायं कर्तुं प्रभवेयं तदर्थं सततं परिश्रम: कृत:। मानवाधिकारस्य पुस्तकानि, विडियोश्रवणं, विकीपीडियाध्ययनं च कृतम्। तत्परिणामत: छात्राणां कथनेन अध्ययनकाले एव मनसि विचार आयात:। यद्ययं विषय: पुस्तकरूपेण व्यवस्थित: क्रियते तर्हि अग्रिमकाले अधिगन्तॄणां छात्राणां कृते लाभाय भविष्यति। अस्या: सामग्र्या: पुस्तकस्वरूपदानाय अतिरिक्तपरिश्रमस्यावश्यकतानुभूता। यत: अध्ययनाय सामान्यतया स्वीकृतसामग्र्या: एव पुस्तकं नैवोचितमिति। एतावति काले चिन्तनेनैव एकमासकाल: समास:। विषयाध्यापकस्य दायित्वं तस्मै प्रदाय एकवार

व्यपगतचिन्तोऽभवम्। किन्तु पुन: विषयस्य गभीरतां विचिन्त्य पुस्तकरचनाकर्मणि लग्नोऽभवम्। यद्यपि कथमपि वक्तुं न शक्नोमि यत् एतत्कर्म मया एकाकिना विहितमिति। अस्मिन् सर्वाधिकं प्रेरणमासीत् ते तु आस्माकीना: अन्तेवासिन: एव। ये स्वीयज्ञानगौरवेण सदा अमुं विषयम् अध्येतुं प्रेरयन्ति स्म। अस्मिन् कर्मणि ये साहाय्यं कृतवन्त: तेषु महत्त्वपूर्णानि नामानि अवश्यं स्मर्तव्यानि तत्र डॉ. आरती शर्मा, डॉ. जितेन्द्र:, डॉ. कौशलेशशर्मा, डॉ. मीनाक्षी, प्रो. हरेरामत्रिपाठी च एतेषामाचार्याणां सततसहयोगेन एतत्कर्म विहितम्। अस्मिन् अवसरे विशिष्य स्मरणीया: वर्तन्ते विद्यापीठस्य यशस्विन: कुलपतय: प्रो. रमेशकुमारपाण्डेया:, शिक्षासङ्कायस्य सर्वेऽपि आचार्या:, प्रो. के भरतभूषणवर्य:, प्रो. रमेशप्रसादपाठकवर्यश्च। विविधपरीसरीया: सुहृद: अपि स्मरणीया: तत्र श्रीगौराङ्ग-विजय-दिनेश-शीशराम-सुनील-मनीष-पङ्कज-वाचस्पति-दीप्तांशु-पुरुषोत्तम-महेश-अनूप-गिरिधर-गणेश-प्रमोद-सुमन-मनीषचाण्डक-सीताराम-राधावल्लभ-शिवचन्द्र-बलराम-रमण-अपूर्व-सत्यदेव-राहुल-भूपेन्द्र-कैलाशादय:।

अस्मै पुस्तकाय ये महानुभावा: स्वीयम् आशीर्वचनं प्रदत्तवन्त: तेभ्य: अनन्तप्रणामा:। प्रो. चांदकिरणसलूजावर्य:, प्रो. एम्. चन्द्रशेखरवर्य: एतत्कार्याय मार्गदर्शनं कृतवन्त: तदर्थं तेभ्य: प्रणामा:। विशिष्य स्मरणीया: वर्तन्ते कौटुम्बिका: स्वामि-अजस्रानन्दवर्य:, स्वर्गीय: पितामह: श्रीरामडोरीलाल:, पितामही श्रीमती ऊर्मिला, मातापितरौ वीरा-रतीरामौ, पितृव्यापितृव्यौ रेणुकैलाशौ च ये सततमुत्तमकार्याय प्रेरयन्ति। ते सर्वेऽपि अत्र स्मर्यन्ते यै: अस्मिन् कर्मणि स्वीयं योगदानं प्रदत्तम्। अस्य पुस्तकस्य सम्पादिका प्रतिभाशालिनी प्रज्ञा अवश्यं साहाय्यार्थं सबलार्थं च सम्प्रेरणीया। यद्यपि अत्र इतोऽपि विधातुम् अवसर: वर्तते किन्तु प्राप्तेऽवसरे एतद्विषयमेव विनिवेद्य सर्वान् प्रणम्य विरम्यते विस्तरात्।

दिनाङ्क: – 20-03-2019   परमेशकुमारशर्मा
(होलिकोत्सवे परमपावने भोपालयात्रायाम्) श्रीलालबहादुरशास्त्रीराष्ट्रियसंस्कृतविद्यापीठम्
नवदेहली

सम्पादकीयम्

INTRODUCTION

Human rights are the rights provided by the Constitution of India to the citizens of India. No government or authority is permitted to restrain the exercise of these rights of any individual. Rights such as right to dignity, labour, equality of justice, right to religion are guaranteed by the Constitution and are kept out of the influence of government and administration, with judiciary given responsibility of supervising their protection and promotion. They should be protected by any means to ensure the progress of India harmony and peace among its masses. In order to protect and promote human rights there are various institutions in India and world. For instance- UNHRC.

DIFFERENT INSTITUTIONS FOR PROTECTION OF HUMAN RIGHTS

(1) UNHRC

The United Nations Human Rights Council (UNHRC) is a United Nations body whose mission is to promote and protect human rights around the world. [3] The UNHRC has 47 members elected for three-year terms on a regional group basis. The headquarters of UNHRC is in Geneva, Switzerland.

The UNHRC investigates allegations of human rights in UN member states, and addresses important thematic human rights issues such as freedom of association and assembly, freedom of expression, freedom of belief and religion, women's rights, LGBT rights, and the rights of racial and ethnic minorities.

(2) NHRC

In India NHRC is such an institution. The National Human Rights Commission (NHRC) of India is a Statutory public body constituted on 12 October 1993 under the Protection of Human Rights Ordinance of 28 September 1993.

[1] It was given a statutory basis by the Protection of Human Rights Act, 1993 (TPHRA).

[2] The NHRC is the National Human Rights Commission of India.

[3] Responsible for the protection and promotion of human rights, defined by the Act as "Rights Relating To Life, liberty, equality and dignity of the individual guaranteed by the Constitution or embodied in the International Covenants".

Functions of NHRC

The Protection of Human Rights Act mandates the NHRC to perform the following functions:-

(1) Proactively or reactively inquire into violations of government of India.

(2) Human rights negligence and prevention of such violation by a public servant.

(3) By leave of the court, to intervene in court proceeding relating to human rights.

(4) Make recommendations about granting relief to the victims and their families.

(5) Review the safeguards provided by or under the Constitution or any law for the time being in force for the protection of human rights and recommend measures for their effective implementation.

(6) Review the factors, including acts of terrorism that inhibit the enjoyment of human rights and recommend appropriate remedial measures.

(7) To study treaties and other international instruments on human rights and make recommendations for their effective implementation.

(8)   Undertake and promote research in the field of human rights.

(9)   Engage in human rights education among various sections of society and promote awareness of the safeguards available for the protection of these rights through publications, the media, seminars and other available means.

(10) Encourage the efforts of NGOs and institutions working in the field of human rights.

Composition

The NHRC consists of a Chairperson, should be retired Chief Justice of India, One member who is, or has been, a Judge of the Supreme Court of India, One member who is, or has been, the Chief Justice of a High Court, two members to be appointed from among persons having knowledge of or practical experience in matters relating to human rights. In addition, the Chairpersons of four National Commissions (Scheduled Castes, Scheduled Tribes, Women and Minorities) serve as ex officio members. The sitting Judge of the Supreme Court or sitting Chief Justice of any High Court can be appointed only after the consultation with the Chief Justice of Supreme Court.

HUMAN RIGHTS COMMITTEE

The Human Rights Committee is the body of independent experts that monitors implementation of the International Covenant on Civil and Political Rights by its State parties. All States parties are obliged to submit regular reports to the Committee on how the rights are being implemented. States must report initially one year after acceding to the Covenant and then whenever the Committee requests (usually every four years). The Committee examines each report and addresses its concerns and recommendations to the State party in the form of "concluding observations".

ROLE OF UNO IN CONSERVATION OF HUMAN RIGHT

The United Nations (UN) system has two main types of bodies to promote and protect human rights: Charter Bodies and Treaty Bodies. Its role is to prevent human rights violations and secure respect for human rights by promoting international cooperation and coordinating the United Nations' human rights activities.

HUMAN RIGHTS IN THE INDIAN CONTEXT

Indian literary tradition is completely based on human right education. Either it is vedic education or literary stories. There are many contexts of human rights in vedic literature. Vedas not only talk about human rights education but they talk about all modern subjects such as gender education, inclusive education, environment education etc. It talks about all types of natural rights of human beings and their conservation. After Vedas Indian literary tradition created Purans. Purans also talk about human rights. It very deeply explains the subject at various places. Dharmashastra granthas are completely based on human rights education. It will not be an exaggeration if we talk about Gita in this series of literature explaining human rights in its own different way. Indian philosophy believes that not only exploiting rights of others is exploitation of human rights but toleration of atrocity also comes under violation of human rights. We can see every type of human rights in this granth tradition of India. Under its influence our constitution also explains various human rights. Lack of those rights compels people to go through various tortures.

Thus we must have knowledge of these human rights. This book aims at distributing human rights knowledge to the common man who is unable to touch the Indian Constitution for the same. This book is very innovative and inspiring for Sanskrit students. It can not only help research scholars of India but of across the world.

विषयानुक्रमणिका

प्रथमोऽध्याय:

क- धर्मशास्त्रे मानवाधिकारशिक्षाया: पुटानि अवसरा: च -

अस्माकं भारतीयपरम्पराया: धर्मशास्त्रं सततं मानवाधिकारसंरक्षणाय सुतरां स्वीयं योगदानं विदधाति। सर्वोऽपि विषय: तत्र मानवसंरक्षणदृष्ट्या एव प्रथितोऽस्ति। तत्र बाहुल्येन सर्वेषां छात्राणां विकासाय सततं मानवाधिकारे बोधनं दरीदृश्यते, तच्चावसरे प्राप्ते अत्र यथायोग्यं क्रमश:लब्धसामार्थ्यानुसारं जिज्ञासूनां पुरस्तात् उपस्थापयितुम् आनन्दोऽनुभूयते इति। तत्र हि जीवनसुरक्षाया: अधिकार: अष्टमधारायां वर्णितोऽस्ति। तत्र मनुना प्रतिपादितम् -

शस्त्रं द्विजातिभिर्ग्राह्यं धर्मो यत्रोपरुध्यते।

द्विजातीनां च वर्णानां विप्लवे कालकारिते।। (मनु. 8/348)

आत्मनश्च परित्राणे दक्षिणानां च सङ्गरे।

स्त्रीविप्राभ्युपपत्तौ च घ्नन्धर्मेण न दुष्यति।। (मनु. 8/349)

गुरुं वा बालवृद्धौ वा ब्राह्मणं वा बहुश्रुतम्।

आततायिनमायान्तं हन्यादेवाविचारयन्।। (मनु. 8/350)

अर्थात् आत्मरक्षायै युद्धे स्त्रीणां बालकानां च रक्षायै द्विजातिभिरपि शस्त्रं गृहीतव्यम्। यत: धर्मपूर्वकम् अपराधिनां हननेन मनुष्य: पापभाक् न भवति। गुरु: बालक: वृद्ध: वेदपाठी ब्राह्मण: आततायिरूपेण हन्तुम् आयाति तर्हि विचारं विना तेषां हननं कार्यम्।

गौतमधर्मसूत्रे लिखितं च -

प्राणसंशये ब्राह्मणोऽपि शस्त्रमाददीत।

राजन्यो वैश्यकर्म।। (प्रथमप्रश्न 7 अ, 25,26 श्लो.)

अनेन स्पष्टमेव धर्मशास्त्रमपि मानवरक्षासन्दर्भे स्पष्टतया प्रतिपादयति। एवञ्च नवमधारायाम् आरोपाणाम् अभियोगानां परीक्षणाधिकार: वर्णित: वर्तते। तत्र हि चतुर्थे अपादयुक्तव्यवहारस्य व्यवस्था कृता वर्तते। व्यवहारस्य परिभाषा: यथा हि-

स्मृत्याचारव्यपेतेन मार्गेणाऽऽधर्षित: परै:।

आवेदयति चेद्राज्ञे व्यवहारपदं हि तत्।। (याज्ञ.व्यवहार. 2.5)

साधारणव्यवहारमातृकाप्रकरणम् –श्लोक: 5

तत्र विशिष्य व्यवहारस्य चत्वार: पादा: सन्ति– 1. भाषापाद:, 2. उत्तरपाद:,
3. क्रियापाद:, 4. साध्यसिद्धि: इति। (या.व्यव.अ.सा.व्यव.)

प्रत्यर्थिनोऽग्रतो लेख्यं यथावेदितमर्थिन।

समामासतदर्धाहर्नामजात्यादिचिह्नितम्।। या.स्मृति: 2.6

श्रुतार्थस्योत्तरं लेख्यं पूर्ववेदकसंनिधौ।

ततोऽर्थी लेखयेत्सद्य: प्रतिज्ञातार्थसाधनम्।। या.स्मृति: 2.7

तत्सिद्धौ सिद्धिमाप्नोति विपरीतमतोऽन्यथा।

चतुष्पाद्व्यवहारोऽयं विवादेषूपदर्शित:।। या. स्मृति:2.8

एतेषु स्थलेषु विचारपूर्वकेन खण्डनव्यवस्था चिन्तनीया इति प्रपञ्चितम् अस्ति।

षोडशधारायाम् एकाकिन: मेलनेन वा सम्पत्ते:स्वामित्वाधिकारोऽस्ति। कश्चनापि
स्वेच्छया वञ्चयितुं न शक्यते लिखितं यत् याज्ञवल्क्यस्मृतौ –

सम्भूय समुत्थानम् –

समवायेन वणिजां लाभार्थं कर्म कुर्वता।

लाभालाभौ यथाद्रव्यं यथा वा संविदा कृतौ।। (व्य.अ.समुत्था. 259)

गौतमधर्मसूत्रे तृतीयप्रश्ने दशमेऽध्याये लिखितं सम्पत्ते: अधिकारात् कोऽपि
मनसा वञ्चयितुं न शक्नोति तथा हि –

1. ऊर्ध्वं पितु: पुत्रा रिक्थं भजेरन्।

2. ऊर्ध्वं पितुश्च मातुश्च समेत्य भ्रातर: समम्।

　　भजेरन् पैतृकं रिक्थम्, अनीशास्ते हि जीवितो:।। (मनुस्मृतौ 9/104)

अत्र विचारेण ज्ञायते सम्पत्तिस्वामित्वाधिकारविषये सुस्पष्टं शास्त्रेषु वर्णितमस्ति।
एवमेव द्वाविंशतितमधाराया: स्वतन्त्रतया जीवनवृत्ति-चयनस्यानुकूलपरिस्थितौ
असमीचीनताया: संरक्षणाधिकार: वर्णित:। तत्र याज्ञवल्क्यस्मृतौ प्रायश्चित्ताध्याये
आपद्धर्मे 35 तमे श्लोके, 41 तमे श्लोके, 43, 44 तमयो: श्लोकयो: स्पष्टं प्रतिपादितम्–
यथा हि –　　**क्षात्रेण कर्मणा जीवेद्विशां वाप्यापदि द्विज:।**

निस्तीर्य तामथात्मानं पावयित्वा न्यसेत्पथि।।

अर्थात् आपत्तिकाले ब्राह्मण: क्षत्रियवैश्ययो: कार्येण स्वीयजीविकां निर्भालयेत्।
यदा आपात्काल: समाप्येत तदा स: ब्राह्मणवृत्तिं गृह्णीयात्।

अन्यच्च –

आपद्गतः संप्रगृह्णन् भुञ्जानो वा यतस्ततः।
न लिप्येतैनसा विप्रो ज्वलनार्कसमो हि सः।।

अर्थात् आपत्तिकाले यदि ब्राह्मण: निषिद्धं नीचं दानं ददाति अथवा इतस्तत:
भोजनं करोति तर्हि तस्य दोष: नास्ति, तस्मिन् कालेऽपि स: अग्निसूर्यौ इव वर्तते।

अन्यच्च – **यदा कृष्यादीनामपि जीवनहेतूनामसम्भवस्तदा।**

कथं जीवनमित्यत आह –

बुभुक्षितस्त्रयं स्थित्वा धान्यब्राह्मणाद्धरेत्।
प्रतिगृह्य तदाख्येयमभियुक्तेन धर्मतः।।

दिनत्रयबुभुक्षितं ब्राह्मणं त्यक्त्वा अन्यगृहात् अन्नं चोरयन् गृहीत: तर्हि धर्मेण
सत्यं वदेत् द्विजादय: केचन आपद्ग्रस्त-पूर्वोक्तजीवनोपायानाम् अभावे तथा च
जलाद्यभावे शूद्रस्य गृहात्, यदि तत्र न प्राप्नुयु: तदा वैश्यस्य गृहात्, यदि ततोऽपि
किमपि न लभेरन् तदा क्षत्रियस्य गृहात्, एकदिनस्य आधारेण परिमितान्नं चोरयेयु:।
यदि तस्मात् स्वामी पृच्छेत् यत् त्वया एतत् अन्नं किमर्थं चोरितम्, तर्हि धर्मत:
स्वावस्थया सम्यग् रूपेण वदेत् यत् धान्याभावकारणेन विपत्तिग्रस्तकारणेन कष्टेन
एतत् कार्यं विहितम्।

एवञ्च विपत्तिकाले मनुष्यस्य शीलं विद्यां वेदं तप: कुटुम्बं च परीक्ष्य राजा
धर्मानुसारं तदनुकूलां वृत्तिं प्रदद्यात् तथाहि-

तस्य वृत्तं कुलं शीलं श्रुतमध्ययनं तपः।
ज्ञात्वा राजा कुटुम्बं च धर्म्यां वृत्तिं प्रकल्पयेत्।।

एवं च गौतमधर्मसूत्रे प्रथमप्रश्ने सप्तमेऽध्याये 22–23 तमयो: श्लोकयो: वर्तते
यत् '**आपत्काले कथञ्चिदपि जीविकानिर्वाहासम्भवे, सर्वथा:**
वृत्तिरशक्तावशौद्रेण'

अर्थात् जीविकानिर्वाहसम्भवाभावे द्विज: शूद्रकर्मभ्य: अतिरिक्तं केनापि कार्येण
जीवनं यापयेत्। अन्यच्च – '**तदप्येके प्राणसंशये**' अर्थात् केचन आचार्या: आपत्स्थितौ
शूद्रवृत्तिमपि अङ्गीकुर्वन्ति।

स्त्रीसुरक्षाविषयेऽपि बहुधा अस्माकं ग्रन्थेषु प्रथितमस्ति। तत्र हि-

पिता रक्षति कौमारे, भर्ता रक्षति यौवने।

रक्षन्ति स्थविरे पुत्रा न स्त्री स्वातन्त्र्यमर्हति।। (मनु.9अ.श्लो.3,5)

अर्थात् स्त्रिय: सततं समादरणीया: संरक्षणीयाश्च तथाहि-

सूक्ष्मेभ्योऽपि प्रसङ्गेभ्य: स्त्रियो रक्ष्या विशेषत:।

द्वयोर्हि कुलयो: शोकमावहेयुररक्षिता:।

वास्तविकरूपेण कुटुम्बद्वयं स्त्रीणाम् उपरि आधारितं भवति अत: परमं कर्तव्यमस्ति तासां संरक्षणस्य समाजे। अस्मिन् सन्दर्भे दायदानस्य विषये लिखितं वर्तते। मनुस्मृते: तृतीयाध्याये एकपञ्चाशत्तमश्लोके एवञ्च द्विपञ्चाशत्तमे श्लोके लिखितम्-

न कन्याया: पिता विद्वान्गृह्णीयाच्छुल्कमण्वपि।

गृह्णञ्छुल्कं हि लोभेन स्यान्नरोऽपत्यविक्रयी।।3/51

अर्थात् पिता किमपि धनादिकं न स्वीकुर्यात्।

स्त्रीधनानि तु ये मोहादुपजीवन्ति बान्धवा:।

नारी यानानि वस्त्रं वा ते पापा यान्त्यधोगतिम्।।3/52

ये विवाहकाले बलात् धनं स्वीकुर्वन्ति लोभेन, ते अवश्यं पापभाज: भवन्ति। सर्वैरपि स्त्रीणां सम्माननं कर्तव्यम्-

पितृभिर्भ्रातृभिश्चैता: पतिभि: देवरैस्तथा।

पूज्या भूषयितव्याश्च बहुकल्याणमीप्सुभि:।। (मनु.अ.3,श्लो.55)

ये कल्याणं स्वीयजीवने ईहन्ते तै: सर्वैरपि महिलानां संरक्षणविषयेऽवधानं विधेयम्। लिखितं च -

यत्र नार्यस्तु पूज्यन्ते रमन्ते तत्र देवता:।

यत्रैतास्तु न पूज्यन्ते सर्वास्तदाफला: क्रिया:।।

तस्मादेता: सदा पूज्या भूषणाच्छादनाशनै:।

भूतिकामैर्नरैर्नित्यं सत्कारेषूत्सवेषु च।। (तत्रैव 3/55-56)

याज्ञवल्क्यस्मृतौ स्त्रीसम्पत्तिरूपेण प्रथिता वर्तते -

पितृमातृपतिभ्रातृदत्तमध्यग्न्युपागतम्।

आधिवेदनिकद्यं च स्त्रीधनं परिकीर्तितम्।। या.स्मृति:2.143

पतिपत्न्यो: परस्परं समान: अधिकार: वर्तते आपस्तम्बधर्मसूत्रे लिखितम् अस्ति-

कुटुम्बिनौ धनस्येशाते। अर्थात् परस्परं समान: अधिकार: द्वयोरपि इति।

एतेन कारणेन अर्थगमनपूर्वकम् अवश्यं धर्मशास्त्रादिग्रन्थानाम् अधिगम: कार्य:। तेषु ग्रन्थेषु बहुविधप्रेरणात्मकमानवाधिकारसंरक्षणात्मकविषया: वर्णिता: सन्ति। छात्राणां जिज्ञासूनां दृष्टिवर्धनदृष्ट्या अत्र सामान्यतया केचन विषया: समाराधिता:। अत्र हि प्रत्येकं मानवाधिकारतत्त्वं गूढचिन्तनेन ग्रन्थेषु अवलोकितुं शक्यते। केवलं संस्काराणां विधिवत् पालनेन जीवनस्य पारमार्थिकताप्रदानेन च सर्वथा साफल्यं भविष्यति। एवं रूपेण अन्यानि अपि पुटानि अस्मिन् सन्दर्भे प्रथितानि वर्तन्ते। अन्यविस्तरेणाध्ययनाय जिज्ञासुभि: धर्मशास्त्रं पठनीयम्।

ख- भारतीयदर्शनेषु मानवाधिकार:

भारतीयसंविधानस्य 25-28 अनुच्छेदे धार्मिकस्वतन्त्रताया: अधिकार: परिभाषितो विद्यते। तत्र धर्मस्वीकरणस्य मननस्य च स्वतन्त्रता वर्तते। एतस्मिन् विषये वैशेषिकदर्शने प्रारम्भे एव उच्यते कणादेन **''अथातो धर्म व्याख्यास्याम:''** भारतीयदर्शनिका: चिन्तनं कृतवन्त: यत् लोके ये केऽपि जना: वा जीवा: सन्ति, ते सर्वे तापत्रयपराहता: सन्ति। तेषां दु:खस्य निवृत्ति: केन प्रकारेण भवेत् एतस्मिन् विषये चिन्तनं कृत्वा शास्त्रस्य निर्माणं कृतवन्त:। दु:खानां निवृत्ति: एव सर्वेषां मानवानाम् अधिकारो विद्यते। तदेव शास्त्राणां प्रयोजनं विद्यते। अत एव वैशेषिक- सूत्रेषूपस्कारकर्ता श्रीशंकरमिश्र: उक्तवान् तापत्रयपराहता विवेकिनस्तापत्रयनिवृत्ति- निदानमनुसंदधाना नानाश्रुतिस्मृतीतिहासपुराणेष्वात्मतत्त्व-साक्षात्कारमेव तदुरुपायमाकलयाम्बभूवु:। तत्रासिहेतुमपि पन्थानं जिज्ञासमाना: परमकारुणिकं कणादं मुनिमुपसेदुरथ कणादो मुनिस्तत्त्वज्ञानवैराग्यैश्वर्यसंपन्न: षण्णां पदार्थानां साधर्म्यवैधर्म्याभ्यां तत्त्वज्ञानमेवात्मतत्त्वसाक्षात्कारप्रासये परम: पन्था इति मनसि कृत्वा तत्त्वनिवृत्तिलक्षणाद्धर्मादितेषामनायासेन सेत्स्यतीति लक्षणत: स्वरूपतश्च धर्ममेव प्रथममुपदिश्यान्तरं षडपि पदार्थानुद्देशलक्षणपरीक्षाभीरूपदेक्ष्यामीति हृदि निधाय तेषामवधानाय प्रतिजानीते (वैशेषिक दर्शन पृष्ठ सं0 –1) अत एव श्रुति: वदति **''आत्मा वा अरे द्रष्टव्य: श्रोतव्यो मन्तव्यो निदिध्यासितव्यश्च, एतावदरे खलु अमृतत्त्वम्'' ''यदात्मानं विजानीयात् अहमस्मि इति पूरुष:। किमिच्छन् कस्य कामाय संसारमनुसंसरेत्''।** स्मृति: अपि वदति

आगमेनानुमानेन ध्यानाभ्यासरतेन च ।
त्रिधा प्रकल्पयन् प्रज्ञां लभते योगमुत्तमम् ।।

एवं रूपेण दुःखनिवृत्तये दार्शनिकाः मननम् अकुर्वन्। वैशेषिकसूत्रकारः धर्मस्य स्वरूपं निरूपयन् आह ''**यतोऽभ्युदयनिःश्रेयससिद्धिः स धर्मः**'' अर्थात् यस्मात् तत्त्वज्ञानं जायते, अथ च दुःखस्य आत्यन्तिकनिवृत्तिः भवति स धर्मः। उपस्कारकारः भणति यत् तत्त्वज्ञानम् ,अथ च दुःखस्य सर्वदा सार्वकालिकं नाशं यः करोति स धर्मः। केचन वदन्ति अभ्युदयद्वारकस्य मोक्षस्य प्राप्तिं यः कारयति स धर्मः। वृत्तिटीकाकारैः उच्यते यत् सुखम् अथ च एककालिकानाम् आत्मनः विशेषगुणानां नाशं यः कारयति स धर्मः। अत्र केचन वदन्ति लोके उन्नतिम् अथ च निःश्रेयससिद्धिं यः कारयति स एव धर्मः। अन्येषु स्वर्गस्य प्राप्तिं मोक्षस्य सिद्धिं वा उत्पत्तिं यः कारयति स धर्मः। सर्वासु व्युत्पत्तिषु धर्मः जीवानां सुखप्राप्तये कारणं विद्यते। तेन प्रतीयते यत् सुखस्य प्राप्तिः सर्वेषां मानवानाम् अधिकारः वर्तते। तस्य सुखस्य कारणं वैशेषिकदर्शनानुसारं धर्मः एव विद्यते। ये जनाः परोपकारं कुर्वन्ति सन्मार्गस्य अवलम्बनं च कुर्वन्ति ते सज्जनाः वा अदुष्टाः सन्ति। तेषां कृते यदि भोजनं वा दानमस्माभिः कार्यते दीयते वा तदा अस्माकम् उन्नतिः भवति। परन्तु ये दुष्टाः वा असज्जनाः सन्ति तेषां कृते यदि भोजनं कार्यते वा दानं दीयते तदा अस्माकमुन्नतिः वा धर्मस्य प्राप्तिः न भवति। अत एव उच्यते तद्दुष्टभोजने न विद्यते। के दुष्टाः वा असज्जनाः सन्ति इति जिज्ञासायाम् उच्यते दुष्टं हिंसायां ये निन्दितकर्माणि वा शास्त्रविरुद्धानि वा संविधानविरुद्धानि कार्याणि कुर्वन्ति ते दुष्टाः सन्ति। तैः सह गमनेन, तैः सह भोजनेन वा तेषां संसर्गेण अपुण्यं जायते वा अस्माकं कल्याणं न भवति। मानवाधिकारविषये अथ च अस्मदपेक्षया ये श्रेष्ठाः सन्ति तत्र यदि उभयोः मध्ये कस्य परित्यागः करणीय इत्यत्र सूत्रकारः वदति। ये विपरीताचरणं कुर्वन्ति तेषां वधेऽपि दोषः नास्ति। यदि स्वसमानः कश्चन अन्यः अस्ति तदा स्वस्य वा अपरस्य त्यागः समो विद्यते। परन्तु अस्मदपेक्षया कश्चन श्रेष्ठः जनः विद्यते अथ च स्वस्य परस्य च उभयोः मध्ये एकस्य त्यागः अपेक्षितः तदा स्वस्यैव त्यागः समीचीनः विद्यते वैशेषिकशास्त्रदृष्ट्या। अत्र प्रमाणानि सूत्राणि सन्ति।

1- तथा विरुद्धानां त्यागः (अ-6, आ-1, सू-13)

2- हीने परे त्यागः (अ-6, आ-1, सू-14)

3- समे आत्मत्याग: परत्यागो वा (अ-6, आ-1, सू-15)

4- विशिष्टे आत्मत्याग इति (अ-6, आ-1, सू-16)

एवं वैशेषिकदर्शने अनेकेषु स्थलेषु मानवाधिकारमाश्रित्य वर्णनं विद्यते तत्र धर्मं स्वीकृत्य सर्वाणि कार्याणि मानवानुकूलानि करणीयानि सन्ति।

जैनदर्शने मानवाधिकारस्य वर्णनम् अनेकेषु स्थलेषु दरीदृश्यते। जैनदर्शनस्य चतुर्विंशति: तीर्थङ्करा: अभवन्। संसारसागरात् निवृत्त्यर्थं तीर्थङ्करा: प्रादुर्बभूवु:। गर्भावतरणं, जन्म, दीक्षा, केवलज्ञानोत्पत्ति: निर्वाणं च परमकल्याणकशब्देन उच्यते। तत्र महान् उत्सव: भवति। एते सर्वे तीर्थङ्करा: मानवाधिकारस्य स्वरूपं स्वोपदेशे निरूपितवन्त:। महात्मबुद्ध: चतुर्णामार्यसत्यानामुपदेशं चकार। तत्र मानवाधिकारस्य प्रमुखतत्त्वानि सन्ति। दु:खं, दु:खसमुदय:, हानं, हानोपाय: च। चार्वाकदर्शनेषु मानवाधिकारो वर्तते। ते वदन्ति यत्-

यावत् जीवेत् सुखं जीवेत् नास्ति मृत्युरगोचर: ।

भस्मीभूतस्य देहस्य पुनरागमनं कुत: ।।

अर्थात् मनुष्याणां कृते सुखस्य अधिकारो विद्यते। सुखमेव पुरुषार्थ:, लोकसिद्ध: राजा एव ईश्वर:। परलोक: नास्ति, अत एव येन केनापि प्रकारेण सुखस्य प्राप्ति: यदि स्यात् तर्हि तदेव आचरणीयम्। महर्षि: गौतम: सर्वेषां जीवानां मूलाधिकार: वर्तते यत् सर्वे जीवा: मोक्षं प्राप्नुयु:। तदर्थं षोडशपदार्थानां तत्त्वज्ञानं कारणं भवति। अथ च मनुष्याणां कृते क: अधिकार: वर्तते तदर्थं न्यायसूत्रेषु विस्तृतरूपेण प्रतिपादितम्। अनुमानवाक्येषु सम्यग्रूपेण प्रयोगं कुर्वन्तु। अर्थात् सद्धेतूनां प्रयोगं कुर्वन्तु, हेत्वाभासानां प्रयोगं मा कुर्वन्तु इति। शास्त्रविहितकर्मसु मानवानामधिकार: अस्ति, शास्त्रनिषिद्धकर्मसु मानवानां न अधिकार: इत्यपि प्रतिपादितं विद्यते। सांख्ययोगतत्त्वानां विवेकज्ञाने मानवानाम् अधिकार: प्रतिपादित: विद्यते। वेदान्तदर्शने सर्वेषां मानवानाम् अधिकार: ब्रह्मजिज्ञासायां, ब्रह्मज्ञाने च अस्ति। तेन ब्रह्मज्ञानानन्तरम् अनन्तकालपर्यन्तम् सुखस्य प्राप्ति: भवति। वस्तुत: सर्वेषां दर्शनानां मुख्यं प्रयोजनं सर्वे जीवा: सुखानुभूतिं कुर्वन्तु इति।

षट्सु दर्शनेषु, द्वादशसु आस्तिक-नास्तिकदर्शनेषु तात्त्विकविवेचनेन अभिज्ञायते यत् मानवाधिकारसंरक्षणमेव परमं लक्ष्यमिति। अत: प्राचीनकालेऽपि मानवाधिकारशिक्षाया: पुटानि दार्शनिकग्रन्थेषु आसन् इति।

ग- भारतीयग्रन्थेषु मानवाधिकारशिक्षा

भारतीयग्रन्थपरम्परा '**धर्मात् समारभते**' तत्र हि स धर्मोऽत्र धर्मनिरपेक्षतामेव धारयति यत: ध्रियते इति धर्म:, धरन्ति इति धर्म: वा। अत: उक्तमेवास्ति 'धर्मो रक्षति रक्षित:' भारतीयवाङ्मये पुरुषार्थचतुष्ट्ये धर्म एव प्रथमपुरुषार्थोऽस्ति, धर्माधारे एव अन्ये सर्वेऽपि पुरुषार्था: विराजन्ते इति। मनुना धर्मस्य दश प्रकारा: वर्णिता: सन्ति-

धृति: क्षमा दमोऽस्तेय: शौचमिन्द्रियनिग्रह:।

धीर्विद्या सत्यमक्रोध: दशकं धर्मलक्षणम्।। मनु.6.192

धर्ममार्गेणैव मानव: समाजे सर्वप्राधान्यं भजतेऽत: कथितमस्ति '**धर्मेण हीन: पशुभि: समान:**'। अन्येषु प्राणिषु केवलं धर्म: एव नास्ति। धर्म एव मानवं समाजे रक्षयितुं शक्नोति। धर्ममार्गे ये प्रवर्तमाना: भवन्ति तेषां धर्म: सततं संरक्षणं कुरुते। अस्मिन् जगति सुखेन जीवितुमीहा वर्तते तर्हि तत्र प्रामुख्येण धर्म: एव सर्वं संसाधयति। यत: -

धर्मादर्थ: प्रभवति धर्मात्प्रभवेत् सुखम्।

धर्मेण लभते सर्वं धर्मसारमिदं जगत्।।

धर्मं विना मानवस्य जीवनसरसं दुरूहं वर्तते। 'धर्मेण हन्यते व्याधिर्येनायु: शाश्वतं भवेत्, धर्ममार्गेण सर्वरोगाणाम् उपशमनं भवति।

क्वचित् शास्त्रेषु धर्मस्य विषये प्रकटरूपेण कथितं यत् धनस्य अनागमोऽपि धर्ममार्गे गन्तुं प्रेरयति। तथाहि -

इदमेव हि पाण्डित्यं इयमेव विदग्धता।

अयमेव परोधर्म: न आयादधिको व्यय:।।

मानवाधिकारशिक्षारूपेण धर्म: परमतत्त्वरूपेण सर्वेषां हितकामया विनूतनं तत्त्वं द्योतयति लिखितं च -

धर्म: केवलमेव निश्चलपदं प्राप्नोति

मृत्युञ्जयस्तस्मात् सततमेकनिष्ठमनसा सेवस्व धर्मामृतम्।।

आर्थिकाधिकारविषये वेदादिग्रन्थेषु लिखितम् अस्ति मति: परिश्रमश्च रक्षितौ तर्हि मानव: सर्वं सहजतया अर्जयितुं शक्नोति लिखितं च -

अयं मे हस्तो भगवान् अयं मे भगवत्तर:।

कृतं मे दक्षिणे हस्ते जयो मे सव्य आहित:।।

अत्र कारणेन अर्थ: अवश्यं लब्धो भविष्यति। अत: जीवने चिन्त्यं यत् कर्तव्यं वर्तमानं च आस्माकीने, फलं भविष्यं च परमात्मन: अधीने इति। सन्मार्गेण गमनेन कालान्तरे तत्प्राप्यते एव यत् मानवेन प्राप्तव्यमस्ति। अर्थाधिकारविषये त्यागवृत्तिं द्योतयन् कश्चन श्लोक: भागवते वर्णित: वर्तते-

चीराणि किं पथि न सन्ति दिशन्ति भिक्षां
नैवाङ्घ्रिपा: परभृत: सरितोऽप्यशुष्यन्।
रुद्धा: गुहा: किमजितोऽवति नोपसन्तान्
कस्माद्-भजन्ति कवयो धनदुर्मदान्धान्।। भा 2.2.5

अर्थात् धनं न महत्त्वपूर्णं तत्र त्याग: महत्त्वपूर्ण इति आर्थिकाधिकारशिक्षाया: प्रसङ्गे भागवते वर्णितमस्ति। अर्थस्य कामना वर्तते तर्हि सततपरिश्रम: एव फलमस्ति तदर्थं सततं प्रयत्नपूर्वकं जीवनस्य माङ्गलिककामनया परिश्रम: कार्यं तेनैव धनप्राप्ति: तदभावे आर्थिकाधिकारस्य हननमेव। लिखितं च -

'न अलसा: प्राप्नुवन्त्यर्थान्' अर्थात् कर्मणि रता: एव सर्वं प्राप्नुवन्ति। अत: अन्यस्य अधिकारहननापेक्षया निरन्तरं श्रम: कार्य:। तेन आर्थिकाधिकारस्य संरक्षणं भवितुमर्हति इति। धनं सततं कार्यं न कुरुते वास्तविकं चेत् धनव्यय: सुतरां सामर्थ्यं संधारयति।

तत्रैव मानवाधिकारशिक्षायां कामस्यापि महत्त्वावहा भूमिका वर्तते लिखितं च-
'अकामस्य क्रिया काचित् दृश्यते नैव श्रूयते।'

अर्थात् कामं विना न किमपि क्रियते केनापि। अत: 'काम: धर्मार्थयो: वर:' महर्षिवात्सायन: कामसूत्रे शरीराय अन्याहारान् इव कामं मनुते, आत्मसंयुक्तेन मनसा इन्द्रियाणां स्वस्वविषयेषु अनुकूलप्रकृति: एव काम: वर्तते। अथापि कामे शरीर-मन:-आत्मनाम् आनन्द: गुप्त: अस्ति।

मानवाधिकारशिक्षाप्रसङ्गे मोक्ष: अवश्यं विचारणीय:। अस्माकम् आचारविचारा: एव अस्माकं वास्तविकता वर्तते। यथा चिन्तनम् अस्माकं तथैव विचारा:। लिखितं च -

यदा नाहं तदा मोक्ष: यदाहं बन्धनं तदा।

अज्ञाननिवृत्ते: विना मोक्षस्य कथा एव वृथा अस्ति। तत्त्वज्ञानं मोक्षयति मानवम्। भवबन्धमोक्षौ। एतत् बन्धनं मोक्षश्च ज्ञानस्य एव नामद्वयं वर्तते। मोक्ष: अपि मानवेन साधनीय: पुरुषार्थेऽस्ति।

सांस्कृतिकाधिकारोऽपि साम्प्रतिक: अस्मद्ग्रन्थेषु सुतरां योग्यरीत्या सर्वेषां ज्ञानवर्धनदृशि कार्याय प्रयतते। तत्र संस्कृतिसंरक्षणे अधिकारे वा आश्रमव्यवस्था योग्यतया दरीदृश्यते। अस्माकं संस्कृते: परमं द्योतका वर्त्तन्ते ब्रह्मचर्यादय:। तस्य वर्णनप्रसङ्गे लिखितं '**ब्रह्मवदाचरणं ब्रह्मचर्यम्**' अन्यच्च '**मरणं बिन्दुपातेन, जीवनं बिन्दुधारणात्**' ब्रह्मचर्यधारणमात्रेण मानव: स्वीयं परमं तत्त्वं प्राप्तुं शक्नोति। ब्रह्मचर्यभङ्गतायाः अष्टकारणानि भवितुमर्हन्ति इति ग्रन्थेषु वर्णितमस्ति –

स्मरणं कीर्त्तनं केलि: प्रेक्षणं गुह्यभाषणम्।

संकल्पोऽध्यवसायश्च क्रियानिवृत्तिरेव च।

एतन्मैथुनमष्टाङ्गं ब्रह्मचारी परित्यजेत्।।

अन्यच्च कथिमस्ति अन्यं तप: तप एव नास्ति यदि जीवने ब्रह्मचर्यपरिपालनं नास्ति –

न तपस्तप इत्याहु: ब्रह्मचर्यं तपोत्तमम्।

ब्रह्मचर्यम् एव परमं तप: वर्त्तते।।

ब्रह्मचर्यम् एव परमं तप: वर्त्तते। ब्रह्मचर्यधारणात् मानव: स्वयमेव देवत्वं प्राप्नोति यथा हि –

ऊर्ध्वरेता भवेद्यस्तु स: देवो न तु मानुष:।

इति सम्पूर्णब्रह्माण्डस्य सुव्यवस्थितसंचालनं सत्तया भवति सा सत्ता ब्रह्मचर्यरूपा एव। तथा च –

आयुस्तेजो बलं वीर्यं प्रज्ञा श्रीश्च महद्यश:।

पुण्यं च प्रीतिमत्त्वं च हन्यतेऽब्रह्मचर्यया।।

ब्रह्मचर्यस्य अपालनेन सर्वं शीघ्रं विनष्टं जायते।

एवं सांस्कृतिकपरिरक्षणाय गृहस्थजीवनमपि महत्त्वभूतं भवति, यत्र 'अतिथिदेवो भव' इति मन्त्र: आबाल्यात् एव संबोध्यते पाल्यते च।

सर्वेषाम् अपि आश्रमाणाम् आश्रयभूत: अयम् आश्रम: तथा हि –

यथावृक्षमाश्रित्य जीवन्ति सर्वपक्षिण:।

तथा च गृहस्थमाश्रित्य वर्तन्ते सर्व आश्रमा:।।

इयमेव परम्परा सर्वजीवा: गृहस्थानाम् उपरि स्वीयम् अधिकारं चिन्तयन्ति स्म। तथा हि –

मातरं पितरं वृद्धं भार्यां चैव पतिव्रताम्।

शिशुं च तनयं हित्वा नावधूताश्रमं व्रजेत्।।

गृहस्थजीवनस्यैव परिपालनं सर्वमहत्त्वपूर्णं वर्तते इति कथितमस्ति अस्माकं ग्रन्थेषु। इयम् अस्मद्देशस्य परम्परा वर्तते। दाम्पत्यजीवनस्य वर्णनकाले भणितम् –

दाम्पत्यम् अनुकूलं चेत् स्वर्गस्य किं प्रयोजनम्।

दाम्पत्यं प्रतिकूलं चेत् नरकं किं गृहमेव तत्।।

सर्वैरपि सांस्कृतिकपरम्परानुरोधेन स्वीयजीवनपालनं विधीयते। एवञ्च वानप्रस्थाश्रमस्यापि वर्णनं वर्तते। अत्रापि सर्वस्य योग्यतया स्वीयदायित्वपरिपालनं विधातव्यं ततः परमेव कश्चनापि संन्यासाश्रमम् अवलम्बितुं शक्नोति। संन्यासाश्रमे संन्यासचिन्तनं सापेक्ष्यं वर्तते। वस्त्रं वेषभूषा, दण्डः, कमण्डलुः चेत्यादीनि वस्तूनि सापेक्षाणि नहि। नीत्सेवर्यः अस्मिन् सन्दर्भे चिन्तयति –

संन्यासी काश्चित् सूक्ष्मतमां हिंसा कुरुते, सः स्वीयोन्नत्यै साधारणजनान् दीनान् हीनान् करोति, तान् आत्मग्लानिभावेन उत्पीडयति, हीनतायाः उत्पादनमेव तस्य संन्यासस्य प्रेरणा भवति। वास्तविकरूपेण संन्यासी तु –

'ज्ञेयः सः नित्यसंन्यासी यो न द्वेष्टि न कांक्षति।'

अन्यच्च **काम्यानां कर्मणां न्यासं संन्यासं कवयो विदुः**। महावीरः संन्यासजीवनविषये कथयति यत् – यथा भ्रमरः पुष्पेभ्यः रसं गृहीत्वा आत्मनं सन्तोषयति, परं पुष्पाणि न पीडयति, एवमेव संन्यासी गृहस्थैः जागतिकजनैः अन्यसहयोगिभिः च सह एवं व्यवहारं कुर्यात् येन केऽपि लेशमात्रं कष्टं नानुभवेयुः।

आश्रमपरिपालनरूपः सांस्कृतिकः अधिकारः अवश्यं परिपालनीय एव। अत्रत्या व्यवहारपूरकता एव सर्वेषां कृते आदरयोग्या।

अतः सांस्कृतिकाधिकारः भारतीयपरम्परायां सर्वेषां हितदृष्ट्या महत्त्वपूर्णभूमिकां निर्वहति।

भारतीयपरम्परायां वास्तविकरूपेण अवलोक्यते चेत् सर्वेषाम् अधिकाराणामपेक्षया नैतिकाधिकारः एव आद्रियते स्म। नैतिकाधिकारेणैव सर्वं साधयितुं शक्यते। नैतिकता एव लोकस्थितेः कर्तव्याकर्तव्यं परिचालयति। नैतिकताविषये कठोपनिषदि लिखितं वर्तते यत् –

श्रेयश्च प्रेयश्च मनुष्यमेतः

तौ सम्परीत्य विविनक्ति धीरः।

श्रेयो हि धीरोऽभिप्रेयसो वृणीते

प्रेयो मन्दो योगक्षेमात् वृणीते।। कठ. 1.2.2

विवेकिनः प्रेयसः परित्यागपुरस्सरं प्रेयसः वरणं कुर्वन्ति। अत्र श्रेयः प्रेयश्च परस्परं विरोधितत्त्वमिति। श्रेयसोऽभिप्रायः आध्यात्मिकपरमकल्याणं, प्रेयः इत्यस्य अभिप्रायः सांसारिकसौविध्यमिति। यद्यपि उभयमपि शुभमिति। किन्तु प्रेयसः अपेक्षया श्रेयसि एव विवेकिनः स्वीयं कल्याणं भावयन्ति। श्रेयसः वरणेन मानवः आध्यात्मिकानन्दरूपं शाश्वतानन्दं प्राप्नोति। अर्थात् परमोऽर्थः जायते यत् नैतिकतायाः स्वीकरणमेव शुभं शिवं वास्ति। अतः सर्वाधिकाररूपेण नैतिकता मानवस्य प्रेरणायै महत्त्वभूतं साधनं भवितुमर्हति। महाभारते अपि विविधस्थलेषु मानवाधिकारसंरक्षणस्य द्योतनं विहितमस्ति। तदर्थं कथयति भीष्मः –

अराजकेषु राष्ट्रेषु धर्मो न व्यवतिष्ठते।

परस्परं च खादन्ति सर्वथाधिगराजकम्।। (शा.प.अ.66)

अर्थः – यस्मिन् राज्ये अराजकता भवति धर्मः (उचितानुचितभेदविवेकः) स्थिरः न भवति। नागरिकाः परस्परं मिलित्वा खादन्ति। एवं राज्यं सर्वप्रकारेण अयोग्यमस्ति।

अग्रे कथयति भीष्मः – पूर्वकाले अराजकप्रजाः परस्परं भक्षयन्ति स्म यथा विशालः मत्स्यः लघुं मत्स्यं भुङ्क्ते।

अराजकाः प्रजाः पूर्वं विनेशुरिति नः श्रुतम्।

परस्परं भक्षयन्तो मत्स्याः इव जले कृशान्।। (शा.प.अ.66)

अतः अहम् अशृणवं यत् तेषु केचन जनाः उपस्थिताः सन्तः निर्णयान् व्यकुर्वन्। 'येषां वाणी कठोरास्ति, ये स्वभावेन उद्दण्डाः वर्तन्ते, ये अन्येषां स्त्रीणां शीलहरणं कुर्वन्ति, येऽन्येषां धनं चोरयन्ति, तेषां वयं त्यागं करिष्यामः येन सर्ववर्गीयजनानां विश्वासः जेतुं शक्येत, अनया व्यवस्था सम्यक्तया तिष्ठेयुः।

समेत्य तास्ततश्चक्रुः समयानिति न श्रुतम्।

वाक्शूरो दण्डपरुषो यश्च स्यात्पारदायिकः।

यश्च नः समयं भिन्द्यात्त्याज्या नस्तादृशा इति।

विश्वासार्थं च सर्वेषां वर्णानामविशेषत:।
तास्तथा समयं कृत्वा समयेनावतस्थिरे।। (शा.प.अ.66)

मानवै: अधिकाराणां सततं पालनं प्रकर्तव्यमस्ति, तेनैव समाजस्य वास्तविकस्वरूपज्ञानं जायेत। नैतिकताया: अधिकारपालनस्यैव विषये भारतीयपरम्परायां वैशेषावधानमाचारव्यवहारयो: पालनमेव मुख्यम्। यदि आचार: नैतिकता वा आदरयोग्ये तर्हि न किमपि अपेक्षितं केनापि प्रकारेण इति।

घ-भारतीय-ऋषिपरम्परायां मानवाधिकार: -

आरम्भकालादेव मानवाधिकारस्य पोषिका वर्तते भारतीयपरम्परा। अत्रत्या: सर्वेऽपि आचार्या: मानवाधिकारसंरक्षणविषये दत्तावधाना: आसन्, किन्तु वैदेशिकानां विविधाक्रमणै: अस्य देशस्य सुतरां कारणीभूता परम्परा सर्वैरपि मिलित्वा ध्वंसिता। यद्यपि आस्माकीना: आचार्या: सुतरां प्रेरणात्मकरीत्या मानवाधिकारस्य पक्षं स्वीकृतवन्त:। तत्र हि क्रमेण विचारयाम: तर्हि कौटिल्योऽपि अत्यन्तं मेधया शास्त्रप्रावीण्येन महत: राजनीतिग्रन्थस्य रचनां कृतवान्, किन्तु तत्र तस्य प्रमुखं लक्ष्यं केवलं लौकिककल्याणानां समावेश एव आसीत्। एवमेव मनुवर्येण लिखित: ग्रन्थ: मनुस्मृति: भारतीयजनानामधिकारपालनस्य प्रथम: ग्रन्थ: वर्तते। यस्य विचारा: भारतीयसामाजिक-सांस्कृतिकविकासे महद्योगदानं कृतवन्त:।

प्राचीनभारतीयसंस्कृते: चत्वार: आधारस्तम्भा: आसन् ते च धर्म:, अर्थ:, काम:, मोक्ष:। एतेषां चतुर्णां स्तम्भानां रक्षणाय अष्टौ मानवाधिकारा: साम्प्रतं प्रसिद्धा: प्रथिता: - 1. प्रसन्नताया: अधिकार: 2. समानताया: अधिकार: 3. शिक्षाया: अधिकार: 4. सुरक्षाया: अधिकार: 5. न्यायस्याधिकार: 6. सामाजिकसुरक्षाया: अधिकार: 7. मानवीयव्यवहाराधिकार: 8. धर्मस्याधिकार:।

एतेषां सर्वेषाम् अधिकाराणां रक्षया एव समाज: सर्वेषु क्षेत्रेषु योग्यतां धारयति। तथा च वात्सायन: अपि कामसूत्रस्य लेखनेन प्रत्यपादयत् यत् व्यक्ति: सकारात्मकरूपेण जीवनं यापयन्ती सर्वाणि सुखानि शिष्टतापूर्वकं भुञ्जीयात्। तत्रैव प्राचीनग्रन्थेषु सर्वत्र **'सर्वे भवन्तु सुखिन:'** इत्यादय: विचारा: सर्वेषां योग्यताविश्वासदृष्ट्या वर्णिता: सन्ति। तत्रैव **'वसुधैव कुटुम्बकम्'** इत्ययं विचार: सर्वेषां प्रेरणायै भवितुमर्हति यदि समाज: केवलम् अत्रत्यपरम्परायां प्रतिपादितसिद्धान्तद्वयम् एव पालयेत् तर्हि

सर्वं साधयितुं शक्नोति। एवञ्च मानवाधिकारस्य परिपालनमपि जायेत।
प्राचीनाधिकारेषु यदि शिक्षाधिकारविषये चर्चयामस्तर्हि—

सुखार्थिनः कुतो विद्या विद्यार्थिनः कुतः सुखम्।
सुखार्थी वा त्यजेत् विद्यां विद्यार्थी वा त्यजेद् धनम्।।

शिक्षाधिकारे व्यक्तिः सुखानां त्यागपूर्वकमेव स्वीयजीवनं सर्वोत्कृष्टं कर्तुं
प्रभवति। एवञ्च नीतिग्रन्थेषु प्रतिपादितं दृश्यते —

विद्या ददाति विनयं विनयाद् याति पात्रताम्।
पात्रत्वाद् धनमाप्नोति धनाद् धर्मस्ततः सुखम्।।

विद्यायाः ग्रहणमात्रेणैव अनेकविधविषयसामर्थ्यं मानवेषु सहजतया आयाति
एव। अस्मिन् विचारे एव विवेकानन्दोऽपि ब्रवीति— 'एतादृशं प्रशिक्षणं येन
वर्तमानेच्छानां नियमितीकरणं क्रियते यत् प्रभावशालि भवति तदैव शिक्षेति उच्यते'।

मानवाधिकारप्रसङ्गे चारित्र्यशिक्षणं भारतीयपरम्परायां प्रथमतत्त्वेन समाविशति।
अनेनैव सर्वेषामपि जनानां परिवर्तनं कार्यविधानं शैलीपरिवर्तनं जीवनस्य
सर्वोत्कृष्टपरिष्कारश्च जायते। चरित्रेण एव मानवस्य सर्वविधविकासस्य द्रढीयान्
परिष्कारो भवति।

मानवाधिकाराय भारतीयाः ऋषयः अत्यन्तं बद्धपरिकराः सन्ति।
तेषामभिप्रायोऽस्ति मानवानाम् अधिकारस्य संरक्षणेनैव समाजः सुरक्षितः वर्धितश्च
भवति। महाभारतादिप्राचीनग्रन्थेष्वपि बहुधा समेषां हितकामनया
मानवाधिकारसंरक्षणविषये प्रतिपादितं वर्तते। मनुस्मृतौ लिखितं यत् —

अहिंसयैव भूतानां कार्यं श्रेयोनुशासनम्-
वाक्यैव मधुरा श्लक्ष्णा प्रयोज्या धर्ममिच्छता।।

अर्थात् अहिंसामात्रेण तन्त्रेण सर्वप्रकाराणां मानवाधिकाराणां संरक्षणं
भवितुमर्हति। शास्त्रेषु कथितमस्ति परिग्रहः हिंसायाः जनकोऽस्ति, यावान् परिग्रहः
तावती हिंसा। अथापि जनाः परिग्रहे लग्नाः सन्ति। तत्र प्रतिपादितमस्ति साम्यवादरूपेण
प्रत्येकं प्राणौ परमात्मा भवितुं शक्तिः वर्तते, किन्तु सर्वैः पुरुषार्थेनैव तत्तत्त्वमवास्तव्यम्
इति। अथ च —   **अहिंसा सर्वभूतानाम् एतत्कृत्यतमं मतम्।**
एतत् पदमनुद्विग्रं वरिष्ठं धर्मलक्षणम्।।

हिंसाया: अभावे अहिंसा भविता। तस्या: प्रतिष्ठापनेन मानवाधिकारहननसमस्या स्वयमेव परिसमासिमेति। एवञ्च –

अहिंसा परमो धर्मस्तथाहिंसा परो दम:।

अहिंसा परमं दानमहिंसा परमं तप:।।

अहिंसा परमो यज्ञस्तथाहिंसा परं फलम्।

अहिंसा परमं मित्रम् अहिंसा परमं सुखम्।।

अत: निष्कर्षरूपेण वक्तुं शक्यते यत् अहिंसया बहुविधसमस्या: समापयितुं शक्यन्ते। अर्थात्–

'अभावो वा प्रभावो वा स: हिंसामभिवर्धते।

तैनेवास्मिन् समाजे तु हेयहिंसा प्रवर्धते।।'

हिंसाया: समापनेनैव मानवाधिकारस्य संरक्षणं सुतरां जायतेऽत: मानवाधिकारस्य सततं परिश्रमेण परिचालनं विधातव्यमिति।

प्राचीनग्रन्थेषु मनुष्यनिर्माणप्रक्रियाया: प्रसङ्गे आधिक्येन दृष्टि: सार्यते स्म तत्रापि मार्कण्डेयपुराणे लिखितम् –

नरत्वं दुर्लभं लोके विद्या तत्र च दुर्लभा।

कवित्वं दुर्लभं तत्र शक्तिस्तत्र सुदुर्लभा।।

एतच्चतुष्ट्यं जीवने समुत्पन्नं जायते तर्हि अवश्यं जीवनं सर्वोत्कृष्टतां भजतेऽत: मानवस्य आत्मसाधनमेव सर्वोत्कृष्टतत्त्वं कथितम्। यथा हि –

दुर्लभो मानुषो देहो देहिनां क्षणभङ्गुर:।

तस्मिन् प्राप्ते तु कर्तव्यं सर्वथैवात्मसाधनम्।।

मानवाधिकारपालनप्रसङ्गे ग्रन्थेषु कथितं यदि जीवने रागराहित्यं वर्तते तर्हि गृहेऽपि तपोवनमस्ति नो चेत् वनेऽपि परिपीडनमेव जायेत। तथाहि –

वनेऽपि दोषा: प्रभवन्ति रागिणां

गृहेऽपि पञ्चेन्द्रियनिग्रहस्तप:।

अकुत्सिते कर्मणि य: प्रवर्तते,

निवृत्तरागस्य गृहं तपोवनम्।।

त्यागपरायणता जीवने वर्तते तर्हि सर्वमपि सहजतया साधनयोग्यमस्ति। भारतीयपरम्परायां मानव: स्वीयस्थिरस्वभावे स्थितो भवति तर्हि न कस्यचिदपि कश्चनापि हिंसनं विधास्यति इति सर्वत्रावलोक्यते। लिखितं च –

मनुर्भव ततो देवः पश्चात् पुरुषोत्तमः।

सदा स्यादूर्ध्वगोजन्तुः इत्यादेशः सनातनः॥

मानवाधिकारहननक्षेत्रे विचारयामः चेत् अभिज्ञायते यत् यदा मानवः अन्येषां किमपि तत्त्वं स्वीकर्तुमभिलषति तदैव सः मानवाधिकारस्य हननं करिष्यति। किन्तु भारते तु क्रमिकप्रक्रियया ऊर्ध्वगतिविषयकं चिन्तनमस्ति। यच्च चिन्तनं सर्वदा मानवस्य स्वाभाविकजीवनं परिवर्धयितुं वर्तते। अतः ग्रन्थेषु कथितम् –

नहि मानुषात् श्रेष्ठतरं हि किञ्चित्॥

अस्मिन् प्रसङ्गे एव शङ्कराचार्यः भणति –

मनुष्यत्वं मुमुक्षुत्वं महाजनसंश्रयः॥ इति

अत्र मानवता, मोक्षभावः महज्जनसंश्रयः एतत्त्रयस्य उत्पादनमात्रेणैव अधिकारहननस्थितिः समासिं यास्यति।

मानवाधिकारसंरक्षणस्य परमं सूत्रं वर्तते –

आत्मनः प्रतिकूलानि परेषां न समाचरेत्॥

अस्मिन् एव प्रसङ्गे युधिष्ठिरयक्षसंवादस्य केचन श्लोकाः कथमिव मानवाधिकारप्रेरकत्वं प्रकारान्तरेण संद्योतयन्ति इति अवलोक्यते– यदा प्रश्नानामुत्तराणि युधिष्ठिरः प्रददाति तदा यक्षः कथयति। भवतः एकः अनुजः जीविष्यति। कथय, कः जीवितः स्यात्। तदा युधिष्ठिरः ब्रवीति –

धर्मशीलः सदा राजा इति मां मानवाः विदुः।

स्वधर्मान्न चलिष्यामि नकुलो यक्ष जीवतु॥

एतत् श्रुत्वा तैः पृष्टं यत् अत्रानुजः अपि अस्ति किन्तु भवता नकुलः किमर्थम् अकथ्यत। तदा तेन भणितम्–

कुन्ती चैव तु माद्री च द्वे भार्ये तु पितुर्मम।

उभेः सपुत्रे स्यातां वै इति मे धीयते मतिः।

यथा कुन्ती तथा माद्री विशेषो नास्ति मे तयोः।

मातृभ्यां सममिच्छामि नकुलो यक्ष जीवतु॥

पश्यन्तु सममेवं सर्वेषाम् अधिकाराणां संरक्षणविषये प्राचीनकालादेव दृष्टिः आसीत् इति प्रतीयते एव।

अस्मिन् एव प्रसङ्गे प्रह्लाद: कथयति आरम्भकालादेव मानवेन धर्माचरणं करणीयम्। भागवतस्य सप्तमस्कन्धे भणितमस्ति –

कौमार आचरेत् प्राज्ञो धर्मान् भागवतानिह।

दुर्लभं मानुषं जन्म तदप्यध्रुवमर्थदम्।। भा. 7.6.1

सर्वेषु जन्मसु मानवजन्म दुर्लभं वर्ततेऽत: ब्रह्मणा सर्वं निर्मितं किन्तु प्रसन्नतां न जगाम तदा सर्वान्ते मानवं विधाय आनन्दं प्राप्रोत्। लिखितं च –

सृष्ट्वा पुराणि विविधान्यजयात्मशक्तया।

वृक्षान् सरीसृपपशून् खगदंशमत्स्यान्।

तैस्तैरतुष्टहृदय: पुरुषं विधाय

ब्रह्मावलोकधिषणमुदमाप देव:।।भा.।।

निष्कर्षरूपेण मानव: समाजस्य सर्वोत्कृष्टप्राणी: तस्याधिकाराणां संरक्षणं मानवस्य मानवनिर्माणमात्रप्रक्रियया कर्तुं शक्यते। सर्वस्य चिन्तनम् उदारम् उत्कृष्टं आदरयोग्यं च भविष्यति तर्हि अवश्यं मानवाधिकारहननस्य समस्या एव समाजात् व्यपगता भविष्यति। भारतीयपरम्परायां मानसिकहिंसापि दोषाय कल्प्यतेऽत: उच्यते– 'मानस पुण्य होय नहि पापा' अनेन स्पष्टं जायते भारतानुरोधेन सततं सर्वेषां संरक्षणाय प्रयत्न: करणीय: इति शम्।

द्वितीयोऽध्याय:

मानवाधिकार:-

रमणीयं खलु मानवजीवनम्। प्रसिद्धं हि योगवसिष्ठे '**रम्येयं देहनगरी राम! सर्वगुणान्विता**' अर्थात् मानवजीवनं रम्यं वर्तते। तत्र 'ज्ञस्यैवम् अनन्तानां सुखानां कोषमालिका, अज्ञस्यैवम् अनन्तानां दु:खानां कोषमालिका'। य: जानाति तस्य कृते अस्मिन् जीवने सर्वविधं सुखं परिव्याप्तं वर्तते। आधुनिकपरिप्रेक्ष्ये स्वीयजीवनधारणार्थं संविधानस्य ज्ञानं सुतराम् आवश्यकमस्ति। तदर्थं मानवाधिकारस्य सर्वविधपरिज्ञानमपेक्षितम्।

प्रत्येकं देशे मानवस्याधिकाररक्षणाय मानवाधिकारायोगा: परिघटिता: वर्त्तन्ते। मानवाधिकारा: ते अधिकारा: वर्त्तन्ते ये जीवनाय समानमानवास्तित्वाय चावश्यका: सन्ति। तस्य मानवस्य जाति-लिङ्ग-रङ्ग-प्रजादय: का: अपि स्यु:। यथा जीवनाधिकार:, अभिव्यक्ते: अधिकार:, स्वतन्त्रता, न्यायाद्यधिकारा: जीवनेन सहैव उत्पन्ना: भवन्ति। इमेऽधिकारा: देशस्य संविधाने विलिखिता: भवन्ति। विश्वस्य समेऽपि देशा: एतेषां परिपालनं कुर्यु: इति निश्चेतुं संयुक्तराष्ट्रसंघेन मानवाधिकारघोषणापत्रम् अङ्गीकृतम्। मानवाधिकारसार्वभौमिकघोषणापत्रे केषाञ्चन मूलभूताधिकाराणाम् अङ्कनं कृतम्। इमेऽधिकारा: मानवस्य जीवनस्वतन्त्रतासुरक्षाऽभिव्यक्तिन्यायप्रतिकार-गमनागमनस्वतन्त्रता-देशप्रभाषणादिभागग्रहणादय: सन्ति। द्वितीयप्रकारकाधिकारा: आर्थिका: सामाजिकाश्चाधिकारा: वर्त्तन्ते- कार्यस्याधिकार:, सम्मानेन जीवनस्याधिकार:, विश्रान्ते: रिक्तताया: चाधिकार:, शिक्षाया: अधिकार:, समानकार्याय समानवेतनाधिकार:, समानताया: अधिकारश्च। प्रत्येकं देशे मानवाधिकारस्यार्थ: पृथक्-पृथक् स्वीक्रियते। केषुचित् देशेषु नागरिकताया: अधिकार: नैव प्रदत्ता: वर्त्तन्ते। केषुचित् सामाजिकार्थिकाधिकारा: न प्रदत्ता: सन्ति। मानवाधिकारस्य संबन्धे मूलविषय: वर्त्तते यत् सर्वकार: मौलिकाधिकारान् परिरक्षेदिति। अस्मिन् सन्दर्भे

सर्वप्रकारान् भेदभावान् नाशयेत्। विश्वस्य बहुषु भागेषु मानवाधिकाराणामुल्लङ्घनस्य घटना: दृश्यन्ते। रङ्गकारणेन अल्पसंख्येभ्य: कुत्रचित् केऽपि राजनैतिकाधिकारा: प्राप्ता: न सन्ति। कारागारेषु बन्दीनामुपरि अमानवीया: व्यवहारा:, भेदभाव:, जातिवाद:, बालश्रम:, बाल्यवैश्यावृत्त्यादीनि मानवाधिकारहननस्य कृत्यानि दृश्यन्ते। मानवाधिकारस्य संरक्षणं प्रत्येकं मानवस्य सर्वकारस्य देशस्य वा मौलिकाधिकारो भवति। संयुक्तराष्ट्रसंघ: अन्ताराष्ट्रिय-मानवाधिकारपरिषत् च मानवाधिकाररक्षणदृष्ट्या गौरवात्मकभूमिका: निर्वहति। लोकतान्त्रिकसमिते: प्रवर्धनाय सर्वैरपि मानवाधिकारसंरक्षणदृशा कार्यं प्रकर्त्तव्यमिति। तथा च तादृशं कर्म कर्त्तव्यं यत् स्वयमेव जना: मानवाधिकारान् रक्षेयु:। सामान्यशब्दै: अधिकार: विशेषाधिकारेभ्यो व्यक्तिभ्यो भिन्न: कश्चन विचारोऽस्ति य: व्यक्ते: सकारात्मकमूल्यानां तटस्थसामान्यसम्बन्धानाम् अपेक्षां करोति। अधिकारा: तादृशा: विचारा: वर्तन्ते ये समाजे द्वितीयेन मानवेन स्वीक्रियन्ते।

यस्य एकस्याधिकार: समाप्यते तत: अपरस्य अधिकार: समारभतेऽत: अधिकारो नाम मानवस्य स्वभाविकी आवश्यकी आवश्यकतावधारणा वा, यया मानव: आत्मग्लानिं विना यशसा समाजे जीवनं यापयति।

परिभाषा:-

मानवाधिकारा: तादृशा: मौलिकाधिकारा: ये विश्वस्य प्रत्येकं भागे निवासिनां पुरुषाणां महिलानां तत्रत्यमनुष्यरूपेण जन्मग्रहणमात्रेण प्राप्यन्ते इति **सुभाषकश्यप:**।

■ मानवाधिकारा: मानवजीवनस्य ता: मूलावश्यकता: सन्ति या: विना मनुष्य: स्वजीवनस्य पूर्णविकासं कर्तुं न प्रभवति इति **प्रो. लॉस्की**।

■ तेऽधिकारा: ये केनापि मानवेन मानवजन्मग्रहणमात्रेण प्राप्यन्ते ते मानवाधिकारा: इति **विलियमक्लूने**।

अत्र मानवाधिकारस्य काश्चन परिभाषा: विचारणीया: एव। यत: अनेकेषां चिन्तकानां दृष्टौ मानवाधिकारस्य विविधा अवधारणा: सन्ति।

लेखकमते तु-

येऽधिकारा: मानवै: सहजरूपेण जीवनग्रहणमात्रेण प्राप्यन्ते, येषां पालनेन समाजस्य यथार्थविकास: भवति। तेऽधिकारा: एव मानवाधिकारा: वर्त्तन्ते।

मानवाधिकार-शिक्षायाः अभिप्रायः परस्परं व्यावहारिककौशलविकासपूर्वकं जीवनयापनाभिप्रायो वर्त्तते। अनया शिक्षया सामाजिकसांस्कृतिकार्थिकनीतीनां निर्णयात्मकप्रक्रियायां सहभागितां कृत्वा मानवाः सर्वविधसमाजाय व्यक्तित्वस्य पूर्णविकासं कर्तुं प्रभवन्ति।

पूर्णरूपेण शारीरिक-मानसिकाध्यात्मिकविकासाय आवश्यकाः अधिकाराः मानवाधिकाराः इति।

मानवाधिकारशिक्षाया आवश्यकता-

अस्मिन् परिप्रेक्ष्ये मानवाधिकारः कथम् आवश्यकः तदावश्यकताः काः? इति सविस्तरं ज्ञेयमेव। यतः आवश्यकता एव प्रवृत्तेः कारणभूता भवति। तया प्रवृत्त्या एव स्वसामर्थ्यानुगुणं जनाः किमपि विशिष्टं नूतनं वा कुर्वते। तथाहि बिन्दुशः –

- प्रत्येकं व्यक्तेः स्वीया स्वतन्त्रा सत्ता वर्त्ततेऽतः केनापि आधारेण तेन सह भेदभावः न स्यादिति ज्ञानार्थं मानवाधिकारशिक्षायाः आवश्यकता।

- प्रत्येकं राष्ट्रियसत्तासु स्वतन्त्रतया जीवनयापनावश्यकतत्त्वानां परिज्ञानाय च मानवाधिकारशिक्षा आवश्यकी।

- व्यक्तिः केनापि रूपेण पराधीना न स्यादतः मानवाधिकारशिक्षा आवश्यकी।

- शारीरिक-मानसिकरूपेण प्राणिमात्रं प्रति प्रतिकूलव्यवहारनियन्त्रणाय मानवाधिकारशिक्षा आवश्यकी।

- जीवनयापनाय स्वाधीनतायै वैयक्तिकसुरक्षायै च मानवाधिकारशिक्षा आवश्यकी।

- भारतीयसंविधाने लिखितप्रस्तावनायाः परिरक्षणाय मानवाधिकारशिक्षायाः आवश्यकता। यतः मानवेषु अनेकप्रकारेण अत्याचाराः जातिनाम्ना लिङ्गनाम्ना वर्णनाम्ना शिक्षानाम्ना च जाताः। एतेषां सर्वेषाम् उपेक्षा-घृणारूपाणाम् अत्याचाराणां निवारणाय स्वस्य कृते विद्यमाननियमानां ज्ञानम् आवश्यकमिति कृत्वा आधुनिकपरिप्रेक्ष्ये मानवाधिकारशिक्षायाः परिज्ञानमावश्यकमिति।

मानवाधिकारावश्यकतां ज्ञात्वा ताः प्राप्तुं कानिचनोद्देश्यानि चिन्तनीयानि। यतः उद्देश्यमनुद्दिश्य न मन्दोऽपि प्रवर्त्तते तर्हि कुतः जिज्ञासवः ज्ञानिनः वेति। तदर्थमत्र प्रास्तावसरे उद्देश्यानि चिन्तनीयानि –

मानवाधिकारशिक्षायाः उद्देश्यानि

1974 तमे वर्षे संयुक्तराष्ट्रसंघेन मानवाधिकारशिक्षायाः इमानि उद्देश्यानि कथितानि–

- छात्रेषु सर्वदेशानां मानव-संस्कृति-मूल्य-जीवनशैल्यादीनां ज्ञानम्।
- छात्रेषु जनानां राष्ट्राणां च अन्योन्याश्रितां प्रति जागरूकतायाः उत्पादनम्।
- छात्रेषु मानवाधिकारशिक्षा तेषां सामाजिकार्थिक-राजनैतिकविकासाय आवश्यकी इति भावोत्पादनम्।
- शक्तिदुरुपयोगनिवारणाय, हिंसाभ्यः दूरे स्थातुं च छात्रेभ्यः ज्ञानप्रदानम्।
- छात्रेषु सामाजिकन्यायस्य लक्ष्यप्राप्तिसामर्थ्योत्पादनम्।
- छात्रेषु सामाजिकदृष्टिकोणस्य विकसनम्।

एवञ्च मानवाधिकारस्योद्देश्यानि–

- मानवाधिकारान् प्रति सार्वभौमिकोत्कण्ठायाः जागरणम्।
- मानवाधिकाराय स्थापितान्ताराष्ट्रियसंघटनानां ज्ञानप्रदानम्।
- मानवाधिकारोल्लङ्घनसन्दर्भविषयाणां छात्रेभ्यः ज्ञानप्रदानम्।
- छात्रेषु वञ्चितान् प्रति सहृदयतायाः भावोत्पादनम्।

एतदाधारेण अन्यानि अपि कानिचनोद्देश्यानि भवितुमर्हन्ति, यथा–

1. मानवाधिकारसम्बद्धसंस्थानां परिज्ञानम्।
2. विविधदार्शनिकानां मानवाधिकारविषयकमतानां परिज्ञानम्।
3. संविधानस्य मानवाधिकारसम्बद्धतत्त्वानां परिज्ञानम्।
4. मानवाधिकारस्य विकासादीनां परिज्ञानम्।

संयुक्तराष्ट्रसङ्घेन सामान्यरूपेण वा समाजदृष्ट्या यानि उद्देश्यानि चिन्तितानि तानि अत्र सर्वेषां विकासदृष्ट्या आवश्यकानि एव लेखकदृष्ट्या मानवाधिकारस्य वास्तविकपरिज्ञानेन पोषणस्थितेः निवृत्तिसम्भावना सततं वर्धेत इति। अतः परिश्रमपूर्वकं जिज्ञासुभिः भारतीयसंविधानस्य ज्ञानं प्राप्तव्यमिति।

मानवाधिकाराणां विकासपरम्परा

मानवानाम् अधिकाराः मानवाधिकाराः इति विग्रहेण मानवेभ्यः जीवनयापनायै प्रदीयमानाः ते सर्वे अधिकिराः यैः जीवनमुन्नतं भवति। मानवाधिकारेषु अन्तर्भवन्ति ते सर्वेऽपि अधिकाराः। विश्वेऽतिह्ये नैके नियमाः प्रतिपादिताः आसन् मनीषिभिः।

भारतस्येतिहासेऽपि अस्माभि: प्रतिपदं द्रष्टुं शक्यते मानवाधिकाराणां नियमानां परिचर्चा।

मानवाधिकाराणां विकास: कथमभवत्? प्राक्समाजे एतेऽधिकारा: कस्मिन् स्वरूपे स्वीकृता: आसन्? आधुनिकसमाजे येऽधिकारा: वर्तन्ते। तेषां पूर्वरूपं किमपि तु भवति स्म? अत: मानवाधिकाराणां विकास: कथं संजात:? विषयेऽस्मिन् अस्माभि: प्रत्यवलोक्यते।

भारते मानवाधिकाराणां विकासपरम्परा –

भारतीयसंस्कृति: विश्वस्य सर्वासु संस्कृतिषु श्रेष्ठा पुरातनी चास्ति। उक्तविषयस्य उल्लेख: नियमरूपेण कर्तव्यरूपेण च वेदेषु स्मृतिषु च बहुधा विशदतया च वर्णित:। स्मृतिग्रन्थेष्वपि यथा- मनुस्मृतौ याज्ञवल्क्यस्मृतौ अन्यत्र च मनुजानां कर्तव्यानाम् अधिकाराणाञ्चोल्लेख: व्यक्ते: योग्यता-सामर्थ्यादीनां युगानामाधारेण कृत: वर्तते। कालक्रमेण वैदिकसंस्कृताधारितसमाजे विपरीतविचाराणां समावेशो जात:। तेन कारणेन मानवाधिकाराणां पालनं दुष्करम् आसीत्। भारतीयपरम्परायां नैके कवय: ग्रन्थकारा: सामाजिकपथदर्शका: अभवन्। तै: एतेषां मानवाधिकाराणां पुनरुत्थानाय नैके राजारामममोहनराय:, स्वामिविवेकानन्द:, स्वामिदयानन्दादयश्च प्रामुख्यं भजन्ते।

भारतवर्षे आङ्ग्लेयानां शासनेन आधुनिकशिक्षापद्धति: आरब्धा। अनेन भारतीयसमाजे महत् परिवर्तनमभवत्। लार्डविलियम्-बैंटिकमहोदयेन राजाराममोहनरायमहाभागानां सहयोगेन 'सतीप्रथाया:' निरोध: कृत:। जीवनस्याधिकार: सर्वेभ्य: उच्चतर: अधिकार:। अत: कस्यापि जीवनस्य हानि: परम्पराभि: नैव स्यात् इति विचिन्त्य आधुनिकभारते विविधेषु क्षेत्रेषु मानवाधिकाराणां विषये क्रान्ति: अभवत्। सामाजिकसमरसताया: परिपोषक: दलितहितचिन्तक: आधुनिकमनु: इति विविधै: विरुदै: मण्डित: डॉ. भीमराव-अम्बेडकर: अपि मानवाधिकाराणां विषये एकमुत्कृष्टं दर्शनं प्रतिपादितवान्। राष्ट्रपिता महात्मगांधी, विनोवाभावे, रवीन्द्रनाथटैगोर:, अरविन्दघोष:, स्वामिदयानन्द:, स्वामिविवेकानन्द: चेत्यादीनां महापुरुषाणां भारतवर्षे मानवाधिकाराणां विकासे महद् योगदानं वर्तते। आधुनिकभारते मानवाधिकाराणां विकास:आभि: घटनाभि: ज्ञातुं शक्यते। ता: यथा-

1. 1829- राजाराममोहनरायमहाभागानां प्रयत्नै:जनरल-विलियम-बैंटिकमहोदयेन

सतीप्रथाया: पूर्णरूपेण समाप्ति: कृता ।

2. 1929– 14 वर्षत: न्यूनवर्षीयाणां बालकबालिकानां विवाह: प्रतिषेध:।

3. 1947 – स्वतन्त्रताप्राप्तिर्ब्रिटिशशासनात् ।

4. 1950 – 'भारतीयसंविधानस्य निर्माणम्' संविधाने मौलिकाधिकाराणां विशद् विवेचनम् ।

5. 1952 – आपराधिक: जनजाति-अधिनियम:।

6. 1958 – सशस्त्र बल (विशेषाधिकार:) अधिनियम:।

7. 1978 – मेनकागांधी बनाम भारतसंघवादे उच्चतमन्यायालयेन उद्घोषितं यद् कस्यापि आपातपरिस्थितौ अनुच्छेद इत्यस्यानुसारं जीवनाधिकार: समास: न भविष्यति ।

8. 1989 – अनुसूचितजाति: अनुसूचितजनजाति-अधिनियम:।

9. 1993 – 'मानवाधिकारसंरक्षणाधिनियम:' इत्यस्यानुसारेण राष्ट्रिय-मानवाधिकारायोगस्य संस्थापना जाता ।

10. 2005 – सूचनाया: अधिकाराधिनियम:।

11. 2005 – राष्ट्रीयग्रामीणरोजगारगारण्टी-अधिनियम: (NREGA) ।

युगानामाधारेण कृत: वर्तते । कालक्रमेण वैदिकसंस्कृत्याधारितसमाजे विपरीतविचाराणां समावेशो जात:। तेन कारणेन मानवाधिकाराणां पालनं दुष्करम् आसीत्। भारतीयपरम्परायां नैके कवय:, ग्रन्थकारा: सामाजिकपथप्रदर्शका: अभवन्। तै: एतेषां मानवाधिकाराणां पुनरोत्थापनाय नैके प्रयासा: विहिता:। तेषु कबीर:, तुलसीदास:, राजाराममोहनराय:, स्वामिविवेकानन्द:, स्वामिदयानन्दादयश्च प्रामुख्यं भजन्ते ।

विश्वे मानवाधिकाराणां विकास: –

वयं जानीम: यत् मानवाधिकारा: मानवेभ्य: कियन्त: महत्त्वशालिन: वर्तन्ते । विश्वस्येतिहासे एतेषां विकास: विविधेषु देशेषु विविधपरिस्थितीनाम् आन्दोलनानां च माध्यमेन अभवत्। मानवाधिकाराणां उत्पत्ते: प्राक् राज्यस्योत्पत्ते: सिद्धान्तानां विचारधाराणां प्रकटनमत्र मया उपस्थाप्यते ।

राज्यस्योत्पत्ते: सामाजिकाऽनुकूलसिद्धान्त: –

विद्वांस: मन्यन्ते यत् राज्यस्योत्पत्ति: सामाजिकानुकूलसिद्धान्ताद् अभवत्। अस्य

सिद्धान्तस्य प्रतिपादनं (Lock) लॉक-रुसोमहोदयाभ्यां सप्तदशशताब्द्यां कृतम्। अस्य सिद्धान्तस्याधारेणैव मानवाधिकाराणां प्रादुर्भाव: जात: इति सामाजिकै: विद्वद्भि: अङ्गीक्रियते। सप्तदशशताब्द्यां ब्रिटेन् (इंग्लैण्ड) देशे द्वौ पक्षौ आस्ताम्। एकस्मिन् पक्षे राजा, अपरस्मिन् पक्षे संसत्सदस्या:। उभयो: विचारधारयो: परिणामेन तर्कपूर्णसाहित्यस्य निर्माणमभवत्।

अस्मिन् साहित्ये नैकेषां सिद्धान्तानां प्रतिपादनमभवत्। राज्ञा चार्ल्स प्रथमेन तथा तत्समर्थकै: च राज्योत्पत्ते: दैवीयसिद्धान्तस्य प्रतिपादनं कृतम्। अस्य सिद्धान्तस्य प्रणयनं ईसाईधर्मस्य धार्मिकग्रन्थस्य 'ओल्टडटेस्टामेन्ट' इत्याख्यस्य अनुसारमभवत्। एतेषामनुगुणं राज्ञ: चयनं निष्कासनञ्च ईश्वर: एव निर्धारयति। भारतीयधर्मस्य अनुसारमपि जनानां प्रार्थनया ईश्वर: मनुं राजोपाधिं प्रदाय पृथ्वीलोकं प्रेषयामास। तत: मनो: अपत्यमिति मानव:। ईसाईधर्मस्य उद्भवानन्तरं राज्ञ: पोपस्य च मध्ये विवादसन्दर्भे अनेन सिद्धान्तेन ईश्वर: स्वांशेन राजानं रचितवान्। य: मानवानां कल्याणाय तान् शास्ति। एते अधिकारा: ईश्वरप्रदत्ता: सन्ति। ईश्वर: एव तेषामधिकाराणां प्रत्यायनं कर्तुं शक्नोति। अस्मिन् काले ब्रिटिशसंसत्सदस्यै: अपि विविधा: सिद्धान्ता: प्रतिपादिता:। येषु सामाजिकानुकूलसिद्धान्ता: ख्यातिमलभन्त। लॉक-महोदय: प्रतिपादयति यत् मानव: जन्मन: स्वतन्त्र: अस्ति। प्रभुतासम्पन्न: चास्ति। प्रकृते: तस्योपरि किमपि बन्धनं नास्ति इति। तेन भणितं यत् इदमनुकूलनं द्विविधं भवति। प्रथमं मानवेषु परस्परं भवति, येन समाजस्य निर्माणं जायते। अपरञ्च सामाजिका: सम्मिल्य शासकेन सह कुर्वन्ति। अस्मादेव राज्यनाम्न: संस्थाया: प्रादुर्भाव: भवति। अस्मिन् वादे नियमोऽयं प्रस्तावितो भवति यत् उभयोरपि कोऽपि एक: नियमानां पालनं नैव करोति तर्हि तस्य विरोधे मताधिकारस्य प्रयोगं विधाय राज्यसत्ताया: परिवर्तनं कर्तुं शक्यते।

जॉन-लॉकमहोदयस्य सामाजिकानुकूलस्य सिद्धान्तस्य अवधारणाया: फलत्वेन इङ्ग्लैण्डदेशस्य संसत्सदस्या: प्रभाविता: अभवन्। ते मिलित्वा 'राजा चार्ल्स' इत्यस्य 'राज्ञ: ईश्वरीयाधिकारसिद्धान्त:' इत्यस्मिन् परिवर्तनम् आनीतवन्त:। एतेषु केचन नियमा: राज्ञा पालनीया: आसन्। तद्यथा—

1. राजा संसद: स्वीकृतिं विना कस्यापि करस्य निर्धारणं नैव करिष्यति।

2. वर्षेऽस्मिन् एकवारं नूनमेव संसद: समेकिता सभा आयोजनीया।

3. संसद: अनुमतिं स्वीकृतिञ्च विना राजा स्वस्य कृते सेनाया: प्रयोगं नैव करिष्यति।

4. नूतनन्यायालयानां निर्माणेन न्यायप्रक्रियां प्रभावयितुं नैव शक्ष्यति।

5. संसत्सदस्यानां स्वाभिव्यक्ते: स्वतन्त्रताया: अधिकार: भविष्यति।

विश्वे मानवाधिकाराणाम् आरम्भत्वेन इंग्लैण्डदेश: एव परिगण्यते। तत्रस्थेषु नागरिकेषु स्वराजं प्रति एतेषाम् अधिकाराणाम् अभिवृत्ते: जागरणाय प्रयासभावना उद्भूता। 1215 तमे वर्षे इङ्ग्लैण्डदेशे जॉननामाख्येन राज्ञा नागरिका: टेम्सनद्या: तीरे मेग्राकाटपत्रे हस्ताक्षराणि कारितवन्त:। पत्रमिदं तत्रस्थस्य लोकतन्त्रस्य आधारस्तम्भ: आसीत्। अस्मिन् मैग्राकार्टापत्रे अधोलिखिता: नियमा: मुख्यरूपेण समाहिता: आसन्। ते यथा–

1. महती परिषद् इत्यस्या: संस्तुत्या एव राजा सामन्तानामुपरि करस्य (Tax) निर्धारणं कर्तुं प्रभवति।

2. अपराधसिद्धे: पूर्वं कस्यापि जनस्य बन्धनं नैव स्यात्।

3. व्यक्ति: यदि अपराधी अस्ति तर्हि तस्य स्थिते: अपराधस्वरूपस्य चाधारेणैव अर्थदण्ड: भवेत्।

4. न्यायालय: एकस्मिन् निश्चिते स्थाने भवेत्। राज्ञा सह निरीक्षणे नैव भवेत्।

5. मिशनरीसंघटनेषु अधिकारिणां नियुक्तौ राज्ञ: हस्तक्षेप: नैव भवेत्।

6. उच्चबौद्धिका: सामन्ता: क्रिश्चयनधर्मगुरव: परिषदि नूनमेव आमन्त्रिता: स्यु:।

7. वैदेशिकव्यापारिणां कृते देशे सर्वत्र व्यापारं कर्तुम् अनुमति: स्यात् आपातकालं विहाय।

निष्कर्षत्वेन अस्माभि: ज्ञायते यद् प्रत्यक्षत्वेन अनेन मैग्राकार्टापत्रेण नागरिकाणाम् अभिव्यक्ते: स्वतन्त्रता नैव प्रदत्ता। तथा च राज्ञ: स्वानुशासनम् अपि स्वातन्त्र्यं नैव प्रदत्तम्। तथापि अनेन पत्रेण इदं तु विहितम् यद् राज्ञा विधिनियमानां पालनम् अवश्यं कर्तव्यम्। यदि राजा एतेषां नियमानां अवमाननं करोति, तर्हि जनता तं शासकं नियमान् परिपालयितुं प्रचोदयेत्। मतेऽस्मिन् सन्देह: नास्ति यद् राजतन्त्रात्मके शासने मानवाधिकाराणां विकासदिशि अयं प्रथम: प्रयास: आसीत्। प्रकरणमिदं मानवाधिकाराणां इतिहासे महत्त्वपूर्णं स्थानमावहति।

विधिशासनम् –

ब्रिटेनदेशे विधिशासनम् अत्यन्तं महत्त्वपूर्णं वर्तते। यत: तत्रस्थं प्रशासनं

विधेरनुसारं प्रचलति न तु व्यक्ते: इच्छानुसारम्। विधिनियमस्य तात्पर्यं वर्तते यद् देशस्य नागरिका: न्यायालयेन समाना: सन्ति, ते नियमान् परिपालयितुं कटिबद्धा: वर्तन्ते।

अपरेषु शब्देषु कथयितुं शक्यते यद् केषुचित् विषयेषु यत्र संविधानस्य स्पष्टता नास्ति, तत्र न्यायालयस्य आदेशा: एव अन्तिमनिर्णयत्वेन स्वीक्रियन्ते। विधिशासनमेव मानवाधिकाराणां मूलाधार: वर्तते। शासनसिद्धान्तानुगुणं विधिशासनमेव सर्वोच्च: वर्तते। ब्रिटेनदेशस्य लिखितं संविधानं नास्ति तथापि तत्रस्थेभ्य: जनेभ्य: प्रदीयमाना: अधिकारा: विधिशासनादेव सम्मता: सन्ति।

अमेरिकादेशस्य स्वाधीनताघोषणापत्रम् -

अमेरिकादेशस्य इतिहासे मौलिकानां मानवाधिकाराणां सुस्पष्टं दिग्दर्शनं दृग्गोचरं भवति। तत्र जनताद्वारा ब्रिटिशसंसद: अत्याचाराणां कटु-अनुभव: आसीत्। तस्मिन् काले जार्जवाशिंगटनमहोदयस्य नेतृत्वे अमेरिकादेशस्य नागरिका: अधिकारेभ्य: आन्दोलनं कृतवन्त:। तेषां कथनमासीत् यद् नागरिकेभ्य: सांवैधानिकसुरक्षा प्रदेया। तत्र 13 (त्रयोदशानां) देशानां कथनमासीत् यत् 'प्रतिनिधित्वं नास्ति, तर्हि करोऽपि नास्ति'। किन्तु यदा इयं संस्तुति: नैव स्वीकृता, तदा 1776 तमे वर्षे स्वाधीनताया: घोषणापत्रं निर्मितम्, तस्मिन् सुस्पष्टम् आसीत् यत् जन्मना सर्वे मनुष्या: समाना: सन्ति।

अमेरिकादेशस्य घोषणापत्रम् -

विश्वे अमेरिकादेशस्य संविधानं मौलिकाधिकारेभ्य: प्रकृष्टं बलं यच्छति। 1789 ईसवीये अमेरिकादेशस्य शासनात्मकं नियमानां व्यवस्थात्मकञ्च संविधानं प्रावर्तितम्। एतस्य वर्षद्वयानन्तरं 1791 ईसवीये (Billat Rights) मूलाधिकारा: अस्मिन् संयुक्ता: सम्मिलिताश्चाभवन्। अनेन संविधानेन तत्र कार्यपालिका विधायकिता च एताभ्य: कार्यं कर्तुं शक्तय: प्रदत्ता:। तत्र संविधाने अयं प्रस्ताव: कृत: यत् एतेषां मौलिकाधाराणाम् अतिक्रमणं नैव कर्तुं शक्यते। तत्रस्थेभ्य: न्यायालयेभ्य: अपि सादृश: कोऽपि अधिकार: नास्ति। यत् एतेषां मूलाधिकाराणां न्यूनीकरणं सम्भवेत्। भारतवर्षे संविधाने ये मौलिकाधिकारा: वर्तन्ते, एतेषामधिकाराणाम् अधिग्रहणं अमेरिकासंविधानात् एव कृतं वर्तते।

इत्थमस्माभि: ज्ञायते यद् मौलिकाधिकाराणां विकासे अमेरिकादेशस्य उत्कृष्टं

योगदानमस्ति।

फ्रांसदेशे क्रान्तिः -

स्वतन्त्रता मानवस्य प्रथमोऽधिकारः वर्तते। अभिव्यक्तौ, व्यवहारे, जीवनयापने, समाजे, व्यवसाये सर्वत्रैव स्वातन्त्र्यम् अपेक्षितं भवति। स्वातन्त्र्यं नास्ति, तर्हि स्वरूपस्य विकासोऽपि नास्ति। एभिः बहुविधैः विचारैः विश्वस्य नैकेषु प्रान्तेषु स्वातन्त्र्यस्योद्धावना जाता। 1989 तमे वर्षे Valtaire रूसो, Tumes इत्यादिभिः विचारकैः प्रेरितैः सद्भिः तत्रस्थैः नागरिकैः फ्रांसदेशस्य 'लुई सोलहवाँ' (लुई षोडशतमः) इत्यस्य विरोधः कृतः। तत्र विद्रोहः अभवत्।

रूसदेशस्य साम्यवादिक्रान्तिः -

प्रथमविश्वयुद्धस्य काले अत्याचारी, निरंकुशः शासकः जार-निकोलस इत्यमुं प्रति जनता विद्रोहं कृतवती। कारणं तत्रस्थेभ्यः जनेभ्यः कोऽपि अधिकारः एव नासीत्। येन जीवनं सुन्दरं स्यात्। क्रान्तिः इयं अक्टूबरमासस्य 1917 ईस्वीये अभवत्। रूसदेशे जनताद्वारा जार-निकोलसः तथा च सहकर्ता रॉसपुतिनः इत्यनयोः गुलिकाद्वारा (हत्या) अभवत्। अस्याः क्रान्तेः मुख्यम् उद्बोधनम् आसीत् –

'निरङ्कुशतायाः नाशः स्यात्' अनेन कथनेन क्रान्तिरियम् उद्भूता, साफल्यञ्च अवासम्। अस्मिन् श्रमिकाः विजयिनः अभवन्। इयं क्रान्तिः सर्वहारावर्गस्य स्वाधिकाराणां प्राप्तये कृतस्य सफलप्रयासस्य उत्कृष्टम् उदाहरणं वर्तते।

उपसंहाररूपेण कथयितुं शक्यते वैश्विकस्तरे विविधक्रान्तिभिः विश्वयुद्धैश्च मानवाधिकारस्य विकासः अभवत्। अयं च क्रमिकविकासः अवश्यं सार्वभौमिकमानवाधिकारसंरक्षणविषये योगदानम् अकरोत्। पूर्वस्थितौ अधुना किञ्चिन्नियन्त्रणं तु वर्तते किन्तु इतोऽपि नियन्त्रणस्य आवश्यकता अस्ति।

तृतीयोऽध्यायः

मानवाधिकारसार्वभौमिकघोषणापत्रस्य परिचयः

वैश्विकदृष्टौ केचन तादृशाः मानवाधिकाराः वर्तन्ते येषां सर्वैरपि परिपालनपूर्वकजीवने आधानं कर्तव्यम्। सार्वभौमिकघोषणापत्रं सामाजिकजीवने महत्त्वभूतमस्ति तदर्थम् अधोलिखितं सामान्यज्ञानमपेक्षितम्। संयुक्तराष्ट्राधिनियमे प्रतिपादिते विषये संयुक्तराष्ट्रीयाः जनाः विश्वसन्ति। केचन मानवाधिकाराः एतादृशाः वर्तन्ते ये कदापि अपाकर्तुं न शक्यन्ते, तत्र   यथा- मानवस्य गरिम-जीवन-स्वतन्त्रता-समानता। स्त्रीपुरुषयोः समानाधिकारः च।

संयुक्तराष्ट्रसंघः:- 10 दिसम्बर 1948- मानवाधिकारघोषणापत्रम्।

अस्य फलम्-   राष्ट्राणि प्रेरणां मार्गदर्शनं च प्राप्नुवन्ति।

राष्ट्राणि संविधाने अधिनियमे च क्रियान्वितानि भवन्ति।

संयुक्तराष्ट्रसंघस्य सामान्यसभा मानवाधिकाराणां सार्वभौमिकघोषणां स्वीकृतवती।

संयुक्तराष्ट्रसंघः:-

विश्वे शान्तेः स्थापनायै संयुक्तराष्ट्रसङ्घः सुतरां योग्यं दायित्वं निर्वहति। संयुक्तराष्ट्रसङ्घबलेनैव सर्वस्य मनसः उत्पादितविषयस्य उपशमनं क्रियते। सर्वदेशानां समज्ञनायास्य अपेक्षा दृश्यत एव। अत्र प्रसङ्गेऽस्मिन् संयुक्तराष्ट्रसंघः अवश्यं ज्ञेयः एव। यतः मानवाधिकारशिक्षादृष्ट्या एव अस्य समुत्पत्तिः दरीदृश्यते इति।

प्रथमविश्वयुद्धात् परम् अमेरिकाराष्ट्रपतिबुडरोविल्सनप्रयासेन1920 तमे वर्षे राष्ट्रसंघः द्वितीयविश्वयुद्धस्य विभीषिकया न रक्षितुं शक्तवान्। अतः अंटलांटिकचार्टर इत्युक्ते किम् इति अत्र विचारणीयं वर्तते। 14 अगस्तमासे 1941 तमे वर्षे ब्रिटिशप्रधानमन्त्री विस्टलचर्चिलवर्यः अमेरिकाराष्ट्रपतिः फ्रेंकिनडिडविल्डवर्यः एटलांटिकमहासागरे युद्धपोते मिलन्ति। एटलांटिकचार्टरी हस्ताक्षरं च कुर्वन्ति। तस्य उद्देश्यम्- नाजी-जर्मनीप्रवर्धनप्रभावस्य स्थगनम् आसीत्। सैनफ्रान्सिकोसम्मेलनम्-

1945 तमे वर्षे जातम्। तत्र 50 देशाः हस्ताक्षरम् अकुर्वन्। एवं च पोलेन्टदेशः अनन्तरम् अकरोत्। एवं कृत्वा 51 देशाः सम्मिलिताः अभवन्। भारतात् तस्मिन् सम्मेलने फिरोजखानः, रामास्वामी-आहुवालिया, टी.कृष्णमाचारी च सम्मिलिताः अभवन्।

अत्र संयुक्तराष्ट्रचार्टरनिमितं संयुक्तराष्ट्रसंघस्य स्थापना 24 अक्टूबरमासे 1945 तमे वर्षे जाता। अतः अयम् एव संयुक्तराष्ट्रसंघस्थापनादिवसः। सदस्यसङ्ख्या स्थापनासमये 51 आसीत्। वर्तमाने सङ्ख्या वर्त्तते 1931 193 तमं राष्ट्रं वर्त्तते दक्षिणीसुडान्। 192 तमं राष्ट्रं मोन्टेनिग्रो 191 पूर्वीतोमरः, 190तमं वर्त्तते स्विटजरलैण्ड् इति। संयुक्तराष्ट्रसंघस्य मुख्यालयः न्यूयार्कनगरे मैनहेन्टनटापू 40 इमारतयुक्तं रॉकफेलरद्वारा प्रदत्तस्थानम् इति। अत्र प्रयोगयोग्याः भाषाः- अंग्रेज़ी, फ्रेंच, अरबी, चीनी, रुसी, अरबी च षट् सन्ति।

UNO चार्टर सेनफ्रासिस्कोसम्मेलने अध्यायाः-19, अनुच्छेदाः-111 वर्त्तन्ते।

संशोधनाधिकारः महासभायाः वर्त्तते ।धारा-1.9 मध्ये वारत्रयं संशोधनं जातम्। अमिरेकायाः एकस्मिन् अभिलेखागारे स्थापितमस्ति। संघस्य पार्श्वे शान्तिसेना वर्त्तते तस्याः नाम नीला हेयमेट इति उच्यते। शान्तिसेनायाः घटनं 1950 मध्ये कोरियाईविपत्काले अभूत्। प्रथमसैन्याभियानम् 1956 सिनाईमध्ये जातम्। सर्वविशालं शान्तिसेनायाः सैन्याभियानम् 1992 सोमालियामध्ये आसीत्। शान्तिसेनायै 1987 तमस्य वर्षस्य नौबलपुरस्कारः प्रदत्तः।

संयुक्तराष्ट्रसंघस्य प्रतीकरूपेण पञ्चगोलाकारप्रतीके विश्वस्य मानचित्रमस्ति। यत्र उभयतः जैतूनवृक्षस्य पत्राणि वर्त्तन्ते। यानि विश्वशान्तेः सन्देशं प्रददति। संयुक्तराष्ट्रस्य ध्वजः नीलश्वेतवर्णयोः वर्त्तते। संयुक्तराष्ट्रसंघस्य षट् अंगानि वर्त्तन्ते-

1. **संयुक्तमहासभा** (193) यूनाइटिड नेशनस जनरल अस्सेम्बली (United Nations General Assembly)

संयुक्तराष्ट्रस्य घोषणापत्रस्यान्तर्गतविषयाणां सन्दर्भे संयुक्तराष्ट्रस्य परिधौ विद्यमानविषयाणां प्रश्नानां विचारं करोति। विश्वस्य लघुसंसद् अपि उच्यते षडङ्गेषु प्रमुखसंस्था यत्र सर्वेषां देशानां प्रातिनिध्यं भवति। अत्र सदस्यसङ्ख्या 193 वर्त्तते। वार्षिकाधिवेशनं सितम्बरमासस्य तृतीयगुरुवासरे आरभते, वार्षिकाधिवेशनं मध्यदिसम्बरपर्यन्तम् उत क्रिसमसदिनं यावत् प्रवर्त्तते। इदानीं यावत् महासभायाः

द्विसप्ततिः अधिवेशनानि जातानि। महासभायाः प्रथमा महिलाध्यक्षा विजयलक्ष्मीपण्डिता आसीत्। अटलबिहारीवाजपेयी विदेशमन्त्रिरूपेण हिन्द्यां सभां समबोधयत्। 1. प्रतिवर्षं सदस्यदेशानां प्रतिनिधीनां सम्मेलनम्। 2. एकवर्षाय अध्यक्षचयनम्।

2.   **सुरक्षापरिषद्** एव विश्वस्य पुलिसमैन इति उच्यते। कस्यचिदपि राज्यस्योपरि सैन्याक्रमणस्य आर्थिकप्रतिबन्धस्य चाधिकारः सुरक्षापरिषदः वर्त्तते। **उत्तरदायित्वम्-** अन्ताराष्ट्रियशान्तिसुरक्षा, संयुक्तराष्ट्रपरिषद्। स्थायिसदस्याः अमेरिका-फ्रांस-ब्रिटेन-चीन-रूसदेशाः पञ्च सन्ति। अस्थायिसदस्यराष्ट्राणां सङ्ख्या- 10 वर्त्तते। वर्षद्वयं कार्यकालः भवति। आहत्य 15 सदस्याः सन्ति। अन्ताराष्ट्रियसमाधानं वार्तालापेन सदस्यराष्ट्रैः सह मध्यस्थतया, आर्थिकप्रतिबन्धेन सैन्याक्रमेण च करोति।

3.   **अन्ताराष्ट्रियन्यायालयः** शान्तिभवननाम्ना ज्ञायते। अयं नीदरलैण्डदेशस्य हेगस्थाने वर्त्तते। अस्य स्थापना 18 अप्रैल 1946 तमे वर्षे अभवत्। अस्य स्वीयं संविधानं वर्त्तते। यत्र पञ्च अध्यायाः, सप्ततिः धाराः/अनुच्छेदाः वा वर्त्तन्ते। अत्र न्यायाधीशानां सङ्ख्या 15 भवति। कार्यकालः नववर्षाणां भवति। प्रत्येकं वर्षत्रये एकतृतीयभागः सेवानिवृत्तिं स्वीकरोति। वादि-प्रतिवादिनौ उभौ अपि अन्ताराष्ट्रियन्यायालयस्य निर्णयं मन्तुं बाध्यौ न स्तः। भारतपक्षतः अन्ताराष्ट्रियन्यायालये कार्यभारं गृहितवन्तः 1. वेनगुननरसिंहारावः (वी.एन.रावः), 2. रघुनन्दस्वरूपपाठकः (आर.एस.पाठकः), 3. नागेन्द्रसिंहः 4. दलवीरभण्डारी। क्रमशः इमे मंगलौर-बरेली-डूंगलपुर-जौधपुराणां वास्तव्याः आसन्। दलवीरसिंहः वारद्वयं तत्र नियुक्तः।

4.   **सामाजिकार्थिकपरिषद्-** 54 सदस्यसङ्ख्या वर्त्तते। कार्यकालः वर्षत्रयस्य भवति। उपवेशनं वर्षे वारद्वयम् आयोज्यते। अप्रैलमासे न्यूयॉर्क जुलाईमासे जैनेवामध्ये जायते।

5.   **सचिवालयः-** संयुक्तराष्ट्रसंघस्य एकं प्रशासनिकभवनं भवति। अत्र सर्वाधिकमुच्चं पदं सचिवस्य भवति। महासचिवस्य कार्यकालः 5 वर्षाणि भवति। महासचिवस्य नियुक्तिः महासभया क्रियते। प्रथमः महासचिवः ट्रीग्वेली नोर्वेदेशात् आसीत्। ट्रीग्वेलीवर्यः भारतपाकिस्तानसीम्नो: विषये हस्तक्षेपम् अकरोत्। वार्तालापेनैव सः विषयं समाधातुं प्रयतितवान्। सः स्वयमेव पदात् त्यागपत्रं प्रदत्तवान्। हेगहेमरशोल्डः पदे एव मृत्युं प्राप्नोत्। थूथॉटः म्यांमारदेशात् आसीत् मध्य-एसियामहाद्वीपात् प्रथमः महासचिवः आसीत्। अयं कार्यवाहकः प्रथमः सचिवः आसीत्। कॉफी अन्ना

संयुक्तराष्ट्रसंघस्य महासचिव: आसीत्। य: अत्यन्तं लोकप्रिय: 2001 मध्ये संयुक्तराष्ट्रसंघ: कॉफी अन्ना च संयुक्तरूपेण शान्तिनिमित्तं नौवेलपुरस्कारं प्राप्तवन्तौ। वर्तमाने संयुक्तराष्ट्रसंघस्य महासचिव: एटोनियोगुटनिस: वर्त्तते।

6.   **न्यासपरिषद्-** संयुक्तराष्ट्रसंघस्य सर्वाधिकप्रभावरहितम् अङ्गं वर्त्तते। अस्य समाप्तिविषये वर्तमानचर्चा प्रवर्तते। यतोहि अस्य पार्श्वे किमपि कार्यमेव नास्ति। यत: न्यासपरिषद: अधीने विश्वस्य निर्बला: दुर्बला: देशा: आयान्ति स्म ये स्वीयदेशस्य अर्थव्यवस्थाया: रक्षां स्वयमेव न कर्तुं प्रभवन्ति स्म । तै: स्वयमेव सुरक्षापरिषद: अधीनता स्वीकृता। ये न्यायपरिषद: अधीने आयान्ति स्म।

2004 मध्ये स्थापना जाता G-4 भारत-ब्राजील-जर्मनी-जापानदेशा: इमे चत्वार: देशा: सुरक्षापरिषदि स्वीयम् अस्तित्वं प्रतिष्ठापयितुम् इच्छन्ति। भारतं सुरक्षापरिषदि स्वीयं महत्त्वं स्थापयति।

संयुक्तराष्ट्रसङ्घस्य इमानि षट् अङ्गानि आदरणीयानि सन्ति । यानि स्व-स्वस्तरे सर्वदेशानां समज्ञनं कारयन्ति। एवञ्च वैश्विकसमस्यानाम् उपस्थापनं श्रवणं च एकस्मिन् मञ्चे विधीयते। येन सर्वेषु परस्परं चिन्तनं जायते एव, यत् यदि मानवाधिकारहननसन्दर्भे केनापि देशेन शक्तिप्रदर्शनं विधास्यते तर्हि अवश्यमेव सर्वे देशा: एकीभूय प्रतिकारं विधास्यन्ति। एवञ्च समूलं तस्य राष्ट्रस्य नाशोऽपि कर्तुं शक्यते। यत: शान्तिस्थापनायै भयमपि अपेक्षितं भवति। यद्यपि एवं स्थिति: न आयाता, न वा आयास्यति। किन्तु एवं वैश्विकचिन्तनेन सर्वेषां लाभस्तु अस्ति एव। तद्रूपेण एव **विटोशक्ति:** वर्त्तते। इयं संयुक्तराष्ट्रसंघस्य नकारात्मकशक्ति: वर्त्तते। सोवियतसंघ: प्रथमवारम् अस्या: शक्ते: प्रयोगं कृतवान्, सर्वाधिकवारमपि। चीनदेश: अल्पकालं प्रयोगं कृतवान्। अनया शक्त्या अपि समाजस्य दृढतावर्धनमेव चिन्त्यते।

10 दिसम्बर 1948 तमे वर्षे संयुक्तराष्ट्रसंघे मानवाधिकारसन्दर्भे एका सार्वभौमिकघोषणा जाता **'मैग्नाकार्टाविल ऑफ राइट्स'** मानवाधिकारघोषणापत्रं परिपालितम्। तदैवात्र त्रिंशत् बिन्दव: आसन्। तत्र बोधितमासीत् के के मानवाधिकारा: संरक्षणीया: इति। तदैव भारतीयसंविधानं निर्मीयमाणमासीत् इति कारणेन संविधाननिर्मातृभि: संविधाने तेऽधिकारा: विविधस्थले स्थापिता:। यथा भागत्रयस्य मूलाधिकारे भागचतुष्टयस्य राज्यस्य नीतिनिदेशकतत्त्वेषु च स्थापिता:।

6 जनवरी 1941 अमेरिकाराष्ट्रपति: फ्रैंकलिन डी. रूजवेल्ट: अमेरिकासंसदं संबोधयन्

स्वतन्त्राचतुष्टयं प्रत्यपादयत् –

1.   भाषणाभिव्यक्ते: स्वतन्त्रता।

2.   पूजाया: स्वतन्त्रता।

3.   अभावात् स्वतन्त्रता।

4.   भयात् स्वतन्त्रता।

रुजवेल्टस्य मृत्यो: परं एवञ्च द्वितीययुद्धस्य (1945) समासे: परं तस्य पत्नी एलेनाररुवेल्टवर्या एवं विचारं मानवाधिकारस्य सार्वभौमिकघोषणायां (यू.जी. एच.आर.) प्रतिष्ठायितुं क्षमा अभूत्।

अयं विचार: (यू.एन.) संयुक्तराष्ट्रसङ्घेन 1948 तमे वर्षे अङ्गीकृत:।

14 दिसम्बर 1946 संयुक्तराष्ट्रेण कथितं यत् 'सूचनाया: स्वातन्त्र्यं मौलिकमानवाधिकार: वर्ततेऽयं सर्वस्वातन्त्र्याणां निकष: वर्तते'।

मानवाधिकारस्य समकालीनविकास: –

शान्तिक्षेत्रे नॉवेलपुरस्कारविजेता रेने-सैम्युअल-कैसिन: सार्वभौमिकमानवाधिकारघोषणापत्रनिर्माणे महत्त्वपूर्णभूमिकां निरवहत्। स: अकथयत् 'मानवाधिकारविधानं, सामाजिकविधानस्य प्रमुखम् अङ्गम् अस्ति। यस्योद्देश्यम् – मानवसम्बन्धानां विश्लेषणं यच्च मानवविकासाय परमावश्यकं वर्तते।

■   मानवव्यक्तित्वविकास:।

■   विश्वशान्ति:।

■   सद्भाव:।

मानवाधिकारशिक्षया वर्धयितुं शक्यते।

साम्प्रतं यूनेस्कोद्वारा मानवाधिकारशिक्षा स्वतन्त्रविषयरूपेण वर्धयितुं निर्देशा: कृता:। अत्र विश्वस्य अधिनियम- (कानून) सिद्धान्तानां सामञ्जस्यं वर्तते –

मानवशिक्षायां विकाससम्बद्धस्रोतांसि –

1.   संयुक्तराष्ट्रस्याधिकारपत्रम् – 1945 (यू.एन. चार्टर)।

2.   यूनेस्को इत्यस्या: अधिकारपत्रम् 1948 (यूनेस्को चार्टर)।

3.   ओ. एम. एस. चार्टर 1948

4.   संयुक्तराष्ट्रस्य मानवाधिकारघोषणापत्रम् 1948 (यू.डी.एच्. आर.)

5.   संयुक्तराष्ट्रस्य दशकस्य मानवाधिकारघोषणापत्रम् (1995–2004)

(यू.एन.डिक्लेरेशन ऑफ डिकेड फॉर ह्यूमन राइट्स एज्यूकेशन–1995–2004)

6. संयुक्तराष्ट्रस्य मानवीयपर्यावरणघोषणापत्रम् 1972

(यू.एन.डिक्लेरेशन ऑन ह्यूमन इनवायरेमन्ट)

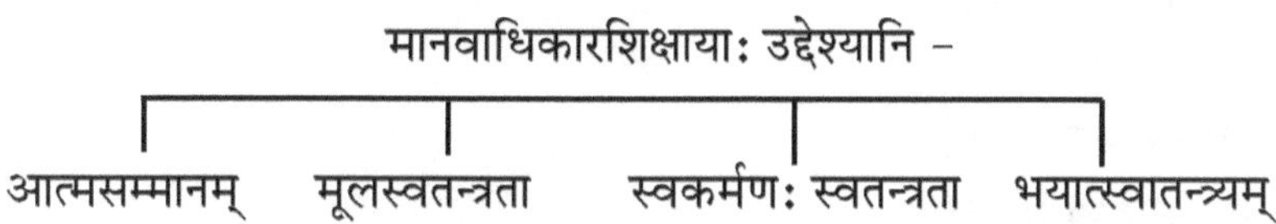

मानवाधिकारशिक्षायाः उद्देश्यानि –

आत्मसम्मानम्   मूलस्वतन्त्रता   स्वकर्मणः स्वतन्त्रता   भयात्स्वातन्त्र्यम्

आर्थिकसामाजिकपरिषद्

कार्यात्मकसमितिरूपेण

संयुक्तराष्ट्रमानवाधिकारायोगः (53) (UNHRC-1946-47)

(यूनाइटेड नेशन्स ह्यूमन राइट्स कोन्सिल)

मुख्यकार्यम् –

♦ प्रतिवेदनसज्जीकरणम्।

♦ अधिकाराणाम् अन्ताराष्ट्रियविधेयकनिर्माणम् (बिल)।

♦ नागगरिकस्वतन्त्रता।

♦ स्त्रीदशा।

♦ मानवाधिकारसम्बद्धविषयेषु अनुशंसाप्रकटनम्।

♦ दिसम्बर 1993 महासभया मानवाधिकारगतिविधीन् प्रति दायित्वनिर्धारणाय मानवाधिकारोच्चायुक्तपदस्य सर्जनं कृतम्।

♦ 15 मार्च 2006 महासभया नूतनां मानवाधिकारपरिषद् घटिता (47 सदस्याः)

♦ एषा मानवाधिकारपरिषद् त्रिपञ्चाशत्सदस्यीयमानवाधिकारायोगस्य स्थानं स्वीकरोत्।

♦ मानवाधिकारायोगः 16 जून 2006 परिसमाप्तः।

♦ 19 जून 2006 परिषदः प्रथमोपवेशनं संसाधितम्।

उल्लेखनीयम्- नूतना परिषद् (स्थायिनी वर्तते) तथा च प्रत्यक्षरूपेण महासभायाः

अधीनस्था वर्तते।

कार्याणि –

- कस्मिन् देशे मानवाधिकाराणाम् उल्लङ्घनं जायते इत्यस्य गहनाध्ययनम्।
- सार्वभौमीकरणम्।
- निष्पक्षता।
- सर्जनात्मकसंवाद:।

मानवाधिकारस्य सिद्धान्त:-

मानवाधिकारं सम्यक् परिज्ञातुं तत्सिद्धान्तौ ज्ञेयौ। यत: सर्वेऽपि मानवा: समाना: तेषां सर्वेषामधिकारा: संरक्षणीया: एव। तत्संरक्षणेन समाज: स्वीयकर्तव्यं परिचिनोति।

मानवाधिकारस्य सिद्धान्तद्वयम्	
सापेक्षसिद्धान्त:	सार्वभौमिकसिद्धान्त:
मानवाधिकारा: आवश्यका: संस्कृतेरनुरूपम्	सार्वभौमिकरूपेण सम्पूर्णविश्वे समान: विधि: स्यात् संयुक्तराष्ट्रस्य प्रयासानां समर्थं करोति।

मैग्नाकार्टा अथवा मैग्नाकार्टालिबरटैटम्-

(स्वतन्त्रताया: महान् अधिनियम:) अयं इङ्ग्लैण्डस्य किञ्चित् न्यायपरिपत्रमस्ति। इदं सर्वादौ 1215 तमे वर्षे परिप्रकाशितम्। इदं लैटिनभाषया लिखितम्। अस्मिन् अधिनियमे (मैग्नाकार्टा) इङ्ग्लैण्डस्य राजा जॉन: सामन्तेभ्य: कांश्चन अधिकारान् प्रदत्तवान् न्यायप्रक्रियाया: पालनवचनम्, तस्येच्छा न्यायसीम्नि बद्धा भविष्यति। **मैग्नाकार्टा** राज्ञ: प्रजाया: केषाञ्चन अधिकाराणां प्रतिपालनपुष्टिं प्रत्यक्षरूपेण विहितवान्, यत्र बन्दीप्रत्यक्षीकरणयाचिका उल्लेखनीया वर्त्तते। एतत् एकं न्यायिकपत्रमस्ति। येन न्यायविरुद्धकारणै: निगृहीतस्य जनस्य मोचनं जायते। इदं पत्रमेव वैधानिकताया: प्रतीकरूपेण प्रतिष्ठापितम्। इत: एव वैधानिकाधिनियमस्य श्रीगणेशोऽभूत्। मैग्नाकार्टापरिपत्रं 15 जून 1215 तमे वर्षे टेम्सनद्या: समीपे

स्थितनीमीडस्थाने राजा जॉन: इंग्लैण्डस्य सामन्तेभ्य: प्रदत्तवान्। हैलमाधारेण इदमेव इंग्लिशस्वातन्त्र्यस्य आधाररूपेण आसीत्। सामन्त: (बैरन:) स्वभावत: स्वस्थितिमेव रक्षितुमीहते स्म। तस्यान्येषां विषये न तथा अभिप्राय:। अत: अधिनियम: राज्ञ: बैरनस्य च मध्ये एका प्रसंविदासीत्। राज्ञ: जॉनस्य बैरनानां (सामन्त) उपरि अन्यायात्याचारपूर्णव्यवहारेण पादरीणामुपरि च अत्याचारपूर्णव्यवहारेण अभूत्। राजा समस्तजनता: प्रति नृशंसताया: नीतिम् अमन्यत। अत: राष्ट्रियविद्रोहभाव: जागरित:। बैरनविद्रोहस्य प्रथमलक्षणानि 1212 मध्ये परिलक्ष्यन्ते स्म। 1214 तमे वर्षे फ्रांसदेश: जॉनं पराजित्य शान्त्यर्थं बाध्यमकरोत्।

अधिनियमस्य धारा: त्रिषष्टि: आसन्। आधिक्येन राज्ञ: विशेषाधिकारान् विरुद्ध्य सामन्तानाम् अधिकारान् समर्थयन्ति स्म। अधिनियमस्य मुख्या: धारा:-

1. चर्चव्यवस्थास्वतन्त्रचयनम्।

2. सामन्तानां संबन्ध:।

3. साधारणवैधानिकव्यवस्था इत्यादय:।

जॉन: यद्यपि हस्ताक्षरम् अकरोत् किन्तु कार्यान्वितं कर्तुं बाधां जनयति स्म। स: पोपं प्रति प्रार्थनां कृत्वा अधिनियमम् अवैधम् अकारयत्। भाटकसैनिकान् स्वीकृत्य सामन्तान् प्रति युद्धम् अघोषयत्, 1216 तमे वर्षे मृत्युञ्जत:। पुन: कांश्चन विषयान् संशुध्य 1225 तमे वर्षे अधिनियमम् अघोषयन्। इयं मानवाधिकाराणां संघर्षेतिहासे सम्भवत: प्रथमा घटना आसीत् अत्र-

- राजा स्वमत्या सामन्तेभ्य: करं न स्वीकुर्यात्।
- कश्चनापि नागरिक: अपराधसिद्धतां विना न बद्धनीय:।
- दोषस्थितेराधारेण दण्डव्यवस्था कार्या।
- सुनिश्चितस्थाने एव कार्यं कर्तव्यं न तु राज्ञा सह सर्वत्र गमनम्।
- राजा चर्चसंघटनस्य तस्याधिकारिणां च विषये हस्तक्षेपं न कुर्यात्।
- विदेशिव्यापारिण: युद्धपरिस्थितिं विहायान्यकार्ये स्वतन्त्रतापूर्वकम् आगन्तुं शक्नुयु:।

मैग्नाकार्टा इत्यस्य योगदानम्-

मेग्राकार्टा इत्यस्य आधुनिकपरिप्रेक्ष्ये महत्त्वपूर्णा भूमिका वर्तते इति तद्योगदानेन

अभिज्ञातुं शक्यते । यथा–

- अपराधसिद्धिं विना कश्चनापि नागरिक: बद्धुम् अशक्य:।
- अपराधस्यानुगुणमेव दण्डनव्यवस्था स्यात्।
- कार्ट आफ दा कामन ला एकस्मिन् सुनिश्चिते स्थाने कार्यं कुर्यात् न तु राज्ञा सह सर्वत्र।
- राजा चर्चसंघटनस्य तदधिकारिणां च नियुक्तौ हस्तक्षेपं न कुर्यात्।
- प्रभावशालिसामन्तानां पादरीणां च महत्यां परिषदि अवश्यं निमन्त्रणं स्यात्।
- वैदेशिकव्यापारिणां केवलं देशे स्वतन्त्रविचरणे युद्धकाले एव प्रतिबन्ध: स्यात् अन्यथा ते स्वतन्त्रतापूर्वकमेकदेशे गमनागमनयो: स्वातन्त्र्यं प्राप्नुयु:।

अनेन यद्यपि नागरिकस्वतन्त्रतालक्षणस्य तुष्टीकरणव्यवस्था न कृता। जनतायै भाषाभिव्यक्त्यो: स्वातन्त्र्यं न दापितम्। न च राज्ञ: बलान्नियन्त्रणात् मुक्ता कारिता। तथापि राजा मूलभूतविधिषु अधीन: भविष्यति। यदि राजा मूलभूतविधीनाम् आधारेण राज्यं न कुर्यात् तर्हि जनता विधीनां परिपालनाय राजानं बाध्यं कुर्यात्। सांवैधानिकसीमितराजतन्त्रविचारस्य विकासे मैग्नाकार्टा प्रथमचरणमासीत्। मानवाधिकारसंघर्षक्षेत्रस्य प्रथमघटना आसीत्।

मैग्राकार्टा इत्यस्य सामान्यपरिचयात्परं सार्वभौमिकघोषणापत्रे लिखितानां विविधानामनुच्छेदानां सामान्यं विवरणम् अतिसंक्षेपेण अवलोक्यते। अत्र त्रिंशत् अनुच्छेदा: वर्णिता: सन्ति। येषां परिपालनेनैव मानवमात्रस्याधिकाराणां परिपालनं जायते। ते च यथा –

UDHR घोषणापत्रे लिखिता: अनुच्छेदा:

1. सर्वेऽपि जना: गरिम्ण: अधिकाराणां च विषये स्वतन्त्रा: समानाश्च।
2. प्रत्येकं भेदभावं विना सर्वे अधिकारा: स्वतन्त्रता च प्रदत्ता:। यथा मूलवंश- रङ्ग-लिङ्ग-भाषा-धर्म-राजनीतिकान्यविचारा: राष्ट्रियता सामाजिकोत्पत्ति: सम्पत्ति: जन्म इत्यादिषु विषये भेदभाव: न कर्तुं शक्य:।
3. प्रत्येकं व्यक्ते: जीवनस्य स्वतन्त्रताया: सुरक्षायाश्चाधिकार: वर्त्तते।
4. पराधीनताया: दासताया: च स्वतन्त्रताया: अधिकार:।
5. यातनाया: प्रताडनाया: क्रूरतायाश्च स्वतन्त्रताया: अधिकार:।

6.　　विधिसमक्षे समानताधिकार:।

7.　　विधिसमक्षे सर्वेभ्य: समानसंरक्षणाधिकार:।

8.　　स्वरक्षणाय न्यायाय च न्यायालयगमनाधिकार:।

9.　　स्वदृष्या निगडनम् (गिरफ्तारी) आदेशं विना कारावासस्थापनं, निर्वासनं च प्रति स्वतन्त्रताया: अधिकार:।

10.　कस्यचित् स्वतन्त्रन्यायालयस्य माध्यमेन निष्पक्षसार्वजनिक-पक्षस्थापनस्यादेश:।

11.　यावत्पर्यन्तं न्यायालय: दोषयुक्तं न वदेत् तावत्पर्यन्तं निर्दोषताया: अधिकार:।

12.　गृह-परिवार-पत्राचारेषु निजताया: अधिकार:।

13.　स्वदेशे भ्रमणस्य अन्यदेशेषु गमनागमनयो: चाधिकार:।

14.　कस्मिंश्चिद् अपरस्मिन् देशे राजनैतिकशरणस्वीकरणाधिकार:।

15.　राष्ट्रियताया: अधिकार:।

16.　विवाहस्य परिवारवर्धनस्य चाधिकार:, विवाहात्परं पुरुषमहिलयो: समानताया: अधिकार:।

17.　सम्पत्ते: अधिकार:।

18.　विचाराणाम् अभिव्यक्ते: तथ्यार्जनस्य चाधिकार:।

19.　विचाराणां विवेकस्य कस्यचिद्धर्मस्य स्वीकरणस्वतन्त्रताधिकार:।

20.　संघटननिर्माणस्य सभायोजनस्य चाधिकार:।

21.　सर्वकारनिर्माणस्य गतिविधिषु भागग्रहणस्य सर्वकारचयनस्य चाधिकार:।

22.　सामाजिकसुरक्षाया: अधिकार:, आर्थिकसामाजिकसांस्कृतिकाधिकाराणां प्राप्तेरधिकार:।

23.　कार्यकरणस्याधिकार:, समानकार्यसमानवेतनाधिकार:(ट्रेडयूरिबन) व्यापारसंघे भागग्रहणाधिकार:, तन्निर्माणाधिकारश्च।

24.　कार्यकरणस्य व्यवहारिकावधि:, सवैतनिकावकाशस्याधिकार:।

25.　भोजनावासवस्त्रचिकित्सीयरक्षणसामाजिकसुरक्षायुक्तोत्तमजीवनस्तरेण स्वस्य परिवारस्य वा जीवनाधिकार:।

26.　शिक्षाया: अधिकार: प्राथमिकशिक्षा अनिवार्या स्यात्।

27. सांस्कृतिककार्यक्रमेषु सहभागितायाः बौद्धिकसम्पदासंरक्षणस्य चाधिकारः।

28. प्रत्येकं व्यक्तेः एकस्याः एतादृश्याः सामाजिकान्ताराष्ट्रियव्यवस्थायाः अधिकारः वर्त्तते, अत्र व्यवस्थायाः अधिकारः वर्त्तते, अत्र अस्यां घोषणायां वर्णिताधिकाराणां स्वतन्त्रतानां च प्राप्तिं पूर्णरूपेण कर्तुं शक्येत।

29. प्रत्येकं व्यक्तिः समुदायं प्रति दायित्वभाक् वर्त्तते यत् लोकतान्त्रिकसमाजाय आवश्यकम् अस्ति इति।

30. अस्मिन् घोषणापत्रे विद्यमानस्य कस्यचिदपि विषयस्य एवं व्याख्यानं न स्यात् येन एवं भाषेत यत् किञ्चन राष्ट्रं व्यक्तिः समूहः वा एतादृशगतिविधौ सम्मिलितः न स्यात् यस्मात् कस्यचित् स्वतन्त्रतायाः अधिकाराणां च हननं स्यात्।

संविधाने वर्णिताः अधिकाराः:-

अधिकारसम्बद्धानि कानिचन तथ्यानि वर्त्तन्ते। इमेऽधिकाराः प्रजाभ्यः प्रदत्ताः संवैधानिकाः भवन्ति। ये तासाम् अधिकाराणां रक्षां कुर्वन्ति। एतेषां मौलिकाधिकाराणां तृतीये भागे द्वादशात् अनुच्छेदात् पञ्चत्रिंशत्तमानुच्छेदं यावत् वर्त्तते। इमे संयुक्तराज्य-अमेरिकायाः संविधानात् स्वीकृताः वर्त्तन्ते। द्विपञ्चशदुत्तरशततमानुच्छेदाधारेण आपत्स्थितौ व्यक्तिगतस्वतन्त्रताधिकारं विहाय अन्यमौलिकाधिकाराः स्थगिताः भवितुमर्हन्ति। तत्र संशोधनमपि भवितुम् अर्हति। आरम्भे मूलसंविधाने सस मौलिकाधिकाराः विद्यमानाः आसन्। ततः चतुश्चत्वारिंशत्तमे संविधानसंशोधने अष्टसप्तत्युत्तरनवदशशततमे (1987) वर्षे सम्पत्तेरधिकारः एकत्रिंशत्तमादनुच्छेदात् नवदश- निष्काश्य संविधानस्य त्रिंशत्तमे अनुच्छेदे अ.मध्ये विध्यधिकाररूपेण स्थापितम्। अयमेव भागः संविधानस्य मैग्नाकार्टा इति नाम्नापि ज्ञायते। अत्र प्रक्रमेण मौलिकाधिकाराः वर्ण्यन्ते।

भारतीयनागरिकाणां मौलिकाधिकाराः:-

(अनुच्छेदः 12-35)

1. समता समानताधिकारः (अनुच्छेदः 14-18)

2. स्वतन्त्रताधिकारः (19-22)

3. शोषणविरुद्धाधिकारः (23-24)

4. धार्मिकस्वतन्त्रता (25-28)

5. संस्कृति-शिक्षासम्बद्धाधिकारः (29-30)

6.　संवैधानिकोपचाराणामधिकार: (32)

समानताधिकार:-

समानताया: विचाराणामयमधिकार: प्रेरयति ।

अनुच्छेद: 14. - विधिसमक्षं समानता-

अनुच्छेद: 15. -धर्म-जाति-वंश-लिंग-जन्मस्थानाधारेण भेदे प्रतिबन्ध: ।

अनुच्छेद: 16. - लोकनियोजनस्य विषये अवसरसमानता (सर्वकारीयोद्योगेषु समानता)

अनुच्छेद: 17.- अस्पृश्यताया: समासि: ।

अनुच्छेद: 18.- उपाधीनां समासि:- (सेनाविधिसम्बद्धोपाधिं राज्यं दातुं शक्नोति अन्योपाधिं तु राष्ट्रपतिमहोदयस्य आज्ञया एव)

स्वतन्त्रताया: अधिकार:-

भारतीयजनताभ्य: संवैधानिकरूपेण प्रदत्त: येन प्रजा: स्वीयं विकासं स्वतन्त्ररूपेण कर्तुं शक्नुयु: येन देश: विकसित: स्यात् ।

19. अभिव्यक्ते: स्वतन्त्रता (क) वदनस्य स्वतन्त्रता, (ख) शान्तिपूर्णरीत्या एकत्रीकरणस्य स्वतन्त्रता, (ग) भारते सभानिर्माणस्य संघनिर्माणस्य च स्वतन्त्रता, (घ) भारते गमनागमनयो: स्वातन्त्र्यम्, (ङ) भारते निवासस्य स्वतन्त्रता (च) वृत्ते: उपजीविकाया: व्यापारस्य च स्वतन्त्रता ।

20.　अपराधस्य दोषसिद्धि: ।

क. तस्य विधेराधारेणैव दोषदण्डनं यदपराधकाले आसीत् ।

ख. स्वं प्रति प्रतिपक्षोपस्थापनम् । (गवाही)

ग. एकस्य अपराधस्य एकवारं दण्डनम् । न तु वारं वारम् ।

21.　प्राणदैहिकस्वतन्त्रता, जीवनस्वतन्त्रता, स्वच्छजल-भोजन-निजता-पर्यावरण-चिकित्सा-विदेशभ्रमणादय: अधिकारा: सर्वोच्चन्यायालयेन उच्चन्यायालयेन च योजिता: ।

21.　(A) षडशीतितमे संशोधने द्व्यत्तरद्विसहस्त्रतमे वर्षे योजितमत्र षष्ठत: चतुर्दशवर्ष यावत् अनिवार्यरूपेण नि:शुल्कशिक्षाप्रदानाय बद्धमस्ति ।

22.　निरोधसंरक्षणा (गिरफ्तारी)

क. कारणपृच्छाधिकार:

ख. चतुर्विंशत्यां होरासु जिलाधिकारिण: पार्श्वे नयनम् (आवागमनसमययोजनं विना)

ग. स्वेच्छया विधिपरामर्शं स्वीकर्तुं शक्नोति।

शोषणविरुद्धाधिकार: (23-24)

23.   मानवव्यापार:, बलात् श्रम:, निरन्तरभृत्यता (बंधुआ मजदूरी)

24.   चतुर्दशभ्य: वर्षेभ्य: न्यूनवयस्का: बाला: कार्यं न कुर्यु:। (संस्थासु बालानां प्रतिबन्ध:)

धार्मिकस्वतन्त्रताया: अधिकार:-(25-28)

धर्मस्वीकरणस्य मननस्य च स्वतन्त्रता वर्त्तते, राष्ट्रस्य तादृश: निश्चित: धर्म: नास्ति प्रस्तावनानुगुणं किन्तु व्यक्ते: धर्म: तु भवितुमर्हति।

25.   धर्मस्वीकरणम् आचार:, प्रचार: इत्यादीनां स्वतन्त्रता।

26.   धार्मिककार्याणां प्रबन्धनस्य स्वतन्त्रता।

27.   धार्मिकसम्पोषणम्, (धर्मस्याभिवृद्धये धनदानम्)

28.   धार्मिकशिक्षायां धार्मिकोपासनायां शिक्षासंस्थानेषु उपस्थितेरधिकार:।

संस्कृतिशिक्षासम्बद्धाधिकारा: (29-30)

इमेऽधिकारा: केवलम् अल्पसंख्यकेभ्य: प्रदत्ता: सन्ति।

29. अल्पसंख्यकानां हितानां संरक्षणम्

30. अल्पसंख्यकानां शिक्षाया: शिक्षणसंस्थानां च स्थापनाया: प्रशासनस्य च अधिकार:।

संवैधानिकोपचाराणामधिकार: (32)

उपरि लिखितानां केषामपि अधिकाराणां हननं जायते, अथवा कश्चनापि अधिकारम् अपाकर्तुमीहते, तर्हि समुचिताधिकारप्रक्रियाया: परिपालनाय पीडित: उच्चतमन्यायालये उच्चन्यायालये च याचिकां कर्तुं शक्नोति। मौलिकाधिकाराणां संरक्षणं प्राप्तमस्ति। अयमेव मौलिकाधिकार: भीमरावाम्बेडकरेण संविधानस्यात्मरूपेण अकथ्यत। उच्चतमन्यायालय-उच्चन्यायालययो: मौलिकाधिकारपरिपालनाया: अधिकारो वर्त्तते। तदर्थं तौ पञ्चधा आदेशान् कर्तुं प्रभवत:।

द्वात्रिंशदनुच्छेदाधारेण स्वोच्चन्यायालय:, षड्विंशत्युत्तरद्विशतानुच्छेदाधारेण उच्चन्यायालयश्च पञ्चधा: याचिका: प्रतिष्ठापयितुं शक्तिं धारयत्।

बन्दीप्रत्यक्षीकरणम्‌- यदि काचित्‌ व्यक्ति: बद्धा निग्रहीता च क्रियते तर्हि नियमो भवति चतुर्विंशत्यां होरासु सा जिलाधिकारिण: पार्श्वे उपस्थापनीया। येन न्यायालय: विचारं कर्तुं शक्नुयात्‌ केन कारणेन दोषेण वा व्यक्ति: बन्दी कृता इति। व्यक्ति: प्रार्थनां करोति सा अवैद्यरूपेण बद्धा तदा बद्धकार्यकर्तारं कार्यालय: आदेशं प्रददाति। अयमेव आदेश: बन्दीप्रत्यक्षीकरणम्‌ अस्ति इति।

परमादेश:- सर्वकारीयाधिकारिभ्य: आदेश: प्रदीयते। यदा कश्चन पदाधिकारी स्वसार्वत्रिकसार्वजनिकदायित्वस्य परिपालनं सम्यक्तया न कुरुते। अनेन प्रकारेण ते स्वीयादेशस्य परिपालनपूर्वकं कर्तव्यं परिपालयेयु:। येषां कर्तव्यानां परिपालनाय तेभ्य: पदं प्रदत्तम्‌। तेषां कर्तव्यानां पालनम्‌ उचिततया कुर्यु:। यत्र पदाधिकारिभ्य: आदेश: क्रियते स: परमादेश: भवति।

प्रतिषेध:- यत्र उच्चतमन्यायालय: उच्चन्यायालयम, उच्चन्यायालय: जिल्लान्यायालयं, अर्धन्यायिकन्यायाधिकरणानि च उच्चताक्रमेण प्रतिषेधयन्ति यत्‌ एतादृशेषु विषयेषु याचिकासु च भवद्भि: कार्यं न कर्तव्यं यत: एते विषया: भवदधिकारक्षेत्रात्‌ बहि: वर्तन्ते।

उत्प्रेक्षणम्‌- उपरिष्ठ: न्यायालय: अधस्तनन्यायालयम्‌ आदिशति। एनं विषयम्‌ उच्चन्यायालयं प्रति(मत्पार्श्वे) प्रेषयतु यत: अयं विषय: भवदधिकारात्‌ बहि: वर्तते।

अधिकारपृच्छालेख:- यदि कस्मिंचित्‌ पदे कश्चन पदाधिकारी नियुक्तो भवति, एवं च असंवैधानिकपदं गृह्णाति परं तस्मिन्‌ पदे स: कार्यं कर्तुम्‌ अधिकारी नास्ति। तथा च स: योग्यरीत्या तस्मिन्‌ पदे नियुक्त: उत न। यदि न नियुक्त: तर्हि तस्मात्‌ पदात्‌ पदच्युत: क्रियते। अयम्‌ अधिकारोऽपि सर्वोच्चन्यायालयस्य उच्चन्यायालयस्य वा भवति। तदा वैधानिकरूपेण कार्यं विधातुं तस्य पार्श्वे अधिकार: नास्ति इति।

त्रयस्त्रिंशत्तम-चतुस्त्रिंशत्तमपञ्चत्रिंशत्तमेषु अनुच्छेदेषु अस्माकं मौलिकाधिकारा: तु न वर्णिता:, परन्तु मौलिकाधिकाराणां हनने सति अस्माकं संसत्‌ किं कर्तुं शक्नोति इति वर्णितं वर्तते। संसद: अधिकार: वर्तते सेनायां सशस्त्रवर्गस्य, गोपनीयविभागस्य च जनेषु कांश्चन नियमान्‌ स्थापयितुं शक्नोति। यदि संरक्षणदृष्ट्या एतद्‌ आवश्यकं स्यात्तर्हि।

चतुस्त्रिंशत्तमे अनुच्छेदे मार्शललां-माध्यमेन संसद्‌ अधिकाराणामुपरि नियन्त्रणं कर्तुं प्रभवति इति संसद: अधिकारो वर्तते। सैन्यविधि: प्रवर्तमान: भवति तदापि

तत्रत्यजनान् अधिकारेभ्यः संसद् निवर्तयितुं शक्नोति इति ।

पञ्चत्रिंशत्तमे अनुच्छेदे संसदः अधिकारो भवति यत्सा मौलिकाधिकाराणां सन्दर्भे विधिनिर्माणं कर्तुं पारयति ।

द्विपञ्चाशदुत्तरत्रिंशत्तमस्थानुच्छेदानुसारं राष्ट्रियापत्काले विंशतितमम् एकविंशतितमम् अनुच्छेदं विहाय सर्वे अनुच्छेदाः निरस्तीकर्तुं शक्यन्ते । मौलिकाधिकाराः इमे भारतीयेभ्यः प्राप्ताः वर्त्तन्ते विदेशिभ्यः इमेऽधिकाराः प्राप्ताः न सन्ति ।

15,16- समता, 19- स्वतन्त्रता, 29,30- अल्पसंख्यकेभ्यः इमे भारतीयेभ्यः एव ।

सर्वेषां कृते (भारतीयानां वैदेशिक्यानाञ्च कृते) 14, 20, 21, 214, 33- 24, 25, 26, 27, 28 इमेऽधिकाराः उभयोः कृते प्राप्ताः वर्त्तन्ते ।

मौलिककर्तव्यानि-

केशवानन्दभारत्याः अनन्तरं सर्वोच्चन्यायालयेन प्रदत्तपरामर्शानाम् आधारेण स्वर्णसिंहसमितेः संस्तुत्या मौलिककर्त्तव्यानि संविधाने स्थापितानि । समित्या अष्टानां मौलिककर्त्तव्यानां संस्तुतिः अक्रियत । द्वाचत्वारिंशत्तमसंशोधनेन षट्सप्तत्युत्तरनवदशतमे वर्षे संविधाने चतुर्थभागस्य क-खण्डे एकपञ्चाशत्तमे अनुच्छेदे क-मध्ये दशानां मौलिककर्त्तव्यानामुल्लेखो जातः । वर्तमाने मौलिककर्त्तव्यानां सङ्ख्या एकादश वर्त्तते । मौलिककर्त्तव्यानाम् अवधारणा पूर्वसोवियतसङ्घस्य संविधानात् स्वीकृता । जापानभारते विहाय केषाञ्चन अपि प्रजातन्त्रात्मकदेशानां संविधाने मौलिककर्त्तव्यानां स्थानं नास्ति । षडशीतितमे संविधानसंशोधने एकोत्तरद्विसहस्रतमे वर्षे एकादशं मौलिककर्त्तव्यं योजितम् । एकपञ्चाशत्तमानुच्छेदकस्य क-खण्डस्यान्तर्गत्वेन देशस्य प्रत्येकं नागरिकस्य कर्त्तव्यं भविष्यति यत्- सः-

1. संविधानं पालयेत्, तदादर्शान् संस्थाः राष्ट्रध्वजं राष्ट्रगानं च आदरेत् ।

2. स्वतन्त्रतायै अस्माकं राष्ट्रियान्दोलनानां प्रेरकान् उच्चादर्शान् हृदि संस्थाप्य तत्पालयेत् ।

3. भारतस्य संप्रभुतायाः एकतायाः अखण्डतायाः च रक्षां कुर्यात् अक्षुण्णां च स्थापयेत् ।

4. देशस्य रक्षायाः आह्वाने जाते सति राष्ट्रस्य सेवां कुर्यात् ।

5. भारतस्य सर्वेषु जनेषु समरसतायाः समानभ्रातृत्वभावनायाः च निर्माणं कुर्यात् यद्धर्म-भाषा-प्रदेश-वर्गाधारित-भेदभावैश्च दूरे स्यात्, स्त्रीसम्मानविरुद्धप्रथाः

च त्यजेत्।

6. अस्माकं सामाजिकसंस्कृते: गौरवशालिपरम्पराया: महत्त्वम् अवगच्छेत्
    तत्परीक्षणं च कुर्यात्।

7. वन-सरोवर-वन्यजीवादि-प्राकृतिकपर्यावरणं रक्षेत्, संवर्धयेत्, तथा च
    प्राणिमात्रं प्रति दयाभावं स्थापयेत्।

8. वैज्ञानिकदृष्टिकोणस्य, मानववादस्य, ज्ञानार्जनस्य, परिष्कारभावनायाश्च विकासं
    कुर्यात्।

9. सार्वजनिकसम्पत्तिं संरक्षेत्, हिंसाभ्य: दूरं च तिष्ठेत्।

10. व्यक्तिगत-सामूहिकगतिविधीनां प्रत्येकं क्षेत्रे उत्कर्षाय सततं प्रयासं कुर्यात्
    यस्मात् राष्ट्रं निरन्तरं वर्धमानं सत् प्रयत्नोपलब्ध्यो: नूतनोच्चतां स्पृशेत्।

11. मातापितरौ, संरक्षका: वा षष्ठवर्षात् चतुर्दशवर्षपर्यन्तं स्वबालान् परिपाल्य
    शिक्षाप्राप्तयेऽवसरान् कल्पेरन्।

मौलिककर्त्तव्यानि व्यक्ते: समाजस्य राष्ट्रस्य च सर्वाङ्गीणविकासाय
अपरिहार्याणि वर्तन्ते। अस्माकं न्यायपालिकयापि एतेषां मूलकर्त्तव्यानां परिपालनं
क्रियते।

नीतिनिर्देशकतत्त्वानि-(36-51)

नीतिनिर्देशकतत्त्वानि भारतीयसंविधाने चतुर्थे भागे स्थापितानि सन्ति एतेषां
मौलिकाधिकारै: सह प्रगाढ: सम्बन्धो वर्त्तते। इमानि तत्त्वानि आयरलेण्डात् स्वीकृतानि।
आयरलेण्डेन स्पेनदेशात् स्वीकृतानि। नीतिनिर्देशकतत्त्वानि राज्याय प्रशासनाय च
दिशानिर्देशनानि वर्तन्ते। राज्येन प्रशासनेन च मानवेभ्य: का: नीतय: निर्मेया: इति
षट्त्रिंशत्तमादनुच्छेदात् एकपञ्चाशदनुच्छेदं यावत् वर्णितं वर्त्तते। **अस्योद्देश्यम्-**
लोककल्याणकारिराज्यस्य स्थापना वर्त्तते। भारतीयसंविधानसभाया: निर्मातृसमिते:
परामर्शदाता बी.एम.राव: अकथयत् संविधाने द्विधा अधिकारा: स्थापनीया:। एके ते
भवेयु: ये झटिति एव क्रियान्वयने आगच्छेयु: तथा च न्यायालयेऽपरिवर्तनीयरूपेण
स्वीक्रियेत। द्वितीयमौलिकाधिकारा: ते स्यु: ये शनै: शनै: राज्येन क्रियान्वयने आनेतुं
शक्येरन्। तेषां परामर्श: स्वीकृत: परन्तु मौलिकाधिकारद्वितीय: इति नाम्ना न स्वीकृता:।
तस्मिन् काले यान् अधिकारान् न्यायालय: सर्वकाराय जनतायै वा दातुं न प्रभवति

स्म, तेऽधिकारा: नीतिनिर्धारकतत्त्वेषु स्थापिता:।

मूलाधिकारनीतिनिर्देशकतत्त्वयो: भेद:-	
मूलाधिकारा:	**नीतिनिर्देशकतत्त्वानि**
1. व्यक्तये प्राप्ता:।	राज्याय दिशानिर्देशा:।
2. न्याययोग्या: भवन्ति।	न्यायालयययोग्या: न भवन्ति।
3. न्यायालय: हस्तक्षेपं करोति।	नैव कर्तुं शक्नोति।
4. अनिवार्या: वर्त्तन्ते।	बाध्यता नास्ति।

नीतिनिर्देशकतत्त्वानि परिपालयितुं मूलाधिकारेषु परिवर्तनं कर्तुं न शक्यते। सर्वकार: कीदृशं सौविध्यं प्रजायै दद्यादिति सम्बद्धं परिज्ञानं यद्वृत्ते तन्नीतिनिर्धारकतत्त्वेषु अन्तर्भाव्यते। नीतिनिर्धारकतत्त्वानि न्यायालये याचिकायै सामर्थ्यं न धरन्ति। यत्र मौलिकाधिकाराणां स्मितौ उच्चन्यायालय: याचिकां कर्तुं प्रभवति तत्रैव नीतिनिर्देशकतत्त्वेषु न तथा पारयति। सर्वकारस्य मार्गदर्शनाय महत्त्वपूर्णां भूमिकां निर्वहन्ति नीतिनिर्देशकतत्त्वानि। जनता एतै: नीतिनिर्देशकतत्त्वै: सर्वकारस्य मूल्याङ्कनं करोति। अत्र त्रिप्रकारका: अनुच्छेदा: वर्त्तन्ते। तत्र गांधिवादिविचाराधारिता: समाजवादिविचाराधारिता उदारवादिविचाराधारिताश्च। अत: नीतिनिर्देशकतत्त्वानाम् आलोचना क्रियते सा च यत् एतेषां कृते न्यायालये याचिका कर्तुं न शक्यते इति। अर्थात् इमे न्यायालये प्रवर्तमानीया: न सन्ति। यत: जनता सर्वकारस्य मूल्याङ्कनं कुर्यात् पश्येत् च सर्वकार: कीदृशं कार्यं करोति एवञ्च मतदानेन सर्वकाराय उत्तरं च प्रदद्यात्।

राज्यनीतिनिर्देशकतत्त्वानि भाग:-4

अनुच्छेद:- 36-51

अनुच्छेद: 36- राज्यस्य परिभाषा।

अनुच्छेद: 37- न्यायालये प्रवर्तनीयानि न सन्ति।

अनुच्छेद: 38- सामाजिकार्थिकराजनैतिकन्याय:।

अनुच्छेद: 39- संसाधनानामुचितवितरणम्- (सर्वेभ्य: देयम्)।

समानकार्य समानवेतनम्

अनुच्छेद: 39 (क) समानावसराधारेण न्यायप्रदानम् (संशोधनम्-42-1976)

अनुच्छेद: 40 पञ्चायत: (ग्रामस्तरे) 73 तमे संविधानसंशोधने ग्रामपञ्चायत: अनिवार्य: कृत:।

अनुच्छेद: 41 निर्धनता-रुग्णतादिदशासु कार्यावसर:।

अनुच्छेद: 42 कार्यं न्यायसंगतम्, दशा माननीया स्यात्।

अनुच्छेद: 43 कार्येण निर्वाह: स्यात् (कुटीरोद्योग:)

अनुच्छेद: 44. समाननागरिकसंहिता- नागरिकविधि:, सामाजिकविधि: धार्मिकाधारेण समानं कर्तुं शक्यते।

अनुच्छेद: 45. षष्ठवर्षात् न्यूनवर्षीयच्छात्राणां कृते शिक्षा (स्वास्थ्यशिक्षा), (86 तमे संशोधने 2002 तमे वर्षे)

अनुच्छेद: 46. अनुसूचितजाति-जनजातिवर्गस्य विशेषव्यवस्था शिक्षाव्यवस्था-आर्थिकव्यवस्था-सामाजिकन्यायादीनां व्यवस्था।

अनुच्छेद: 47.
महानिषेधं सर्वकार: कुर्यात्। पोषाहारस्य वर्धनम्, स्वास्थ्यं च भविष्यति।

अनुच्छेद: 48. कृषि-पशुपालन-दुग्धयुक्तपशूनां च पोषणम्। (गोशालादीनां निर्माणमत्र वर्त्तते)

अनुच्छेद: 48(क) पर्यावरणसंरक्षणम् (42 संविधानसंशोधने)

अनुच्छेद: 49. राष्ट्रियमहत्त्वस्य स्मारक-स्थलक्षेत्राणां संरक्षणम् (सांस्कृतिकवस्तूनां रक्षणम्)

अनुच्छेद: 50.
कार्यपालिकाया: मन्त्रिपरिषद्:, न्यायपालिकाया: न्यायाधीशानां च पृथक्करणम्।

अनुच्छेद: 51. अन्ताराष्ट्रियशान्ते: सुरक्षाया: चाभिवर्धनम्।

नीतिनिदेशकतत्त्वानि इमानि वर्त्तन्ते। इमानि तत्त्वानि सर्वकारस्य दायित्वरूपेण वर्त्तन्ते यथा यथा सर्वकारस्य संसाधनानि वर्धन्ते तदा तदा सर्वकार: एतेषां नीतिनिर्धारकतत्त्वानां परिपालनाय प्रयतते। जनताया: हितं मौलिकाधिकारेषु सर्वकारस्य दायित्वं नीतिनिर्धारकतत्त्वेषु एतद्द्वयं परस्परं चर्चयाम:। तदा केशवानन्द: त्रिसप्तत्युत्तरनवदशशततमे वर्षे केरलराज्यवादसन्दर्भे अकथयत्- मौलिकाधिकारा: नीतिनिदेशकतत्त्वेभ्य: श्रेष्ठा: इति। अत: सर्वकारेण मौलिकाधिकाराणां हननं न कर्तव्यम्। नीतिनिदेशकतत्त्वानि परित्यक्तव्यानि। मौलिकाधिकारे प्राधान्यं प्रदेयम्।

एवञ्च इन्दिरागान्धिकाले द्विचत्वारिंशत्तमे संशोधने षट्सप्तत्युत्तरनवदशशततमे वर्षे सर्वकारेण निर्णीतं यत् मौलिकाधिकारेभ्य: नीतिनिदेशकतत्त्वानि श्रेष्ठानि इति। अत: नीतिनिदेशकतत्त्वानां परिपालनाय मौलिकाधिकारा: परित्यक्तुं शक्या:। किन्तु मिनर्वामिल्सवादेन अशीत्युत्तरनवदशशततमे वर्षे कथितम्- **न मौलिकाधिकारा: श्रेष्ठा: न तु नीतिनिर्धारकतत्त्वानि श्रेष्ठानि। उभयमपि परस्परं पूरकं वर्त्तते। उभयमपि लोकतन्त्रवर्धनाय जनताया: सौविध्यप्रदानं च करोतीति।** अत: निष्कर्षरूपेण कथयितुं शक्यते यत् एतेषाम् अधिकाराणां सततं परिपालनपूर्वकं समाजेऽस्मिन् अस्य जीवनस्य साफल्यं समार्जनीयमस्ति। न तु अन्येषां शोषणप्रवृत्ति: परिपालनीया, एवञ्च स्वीयं शोषणं न जायेत तदर्थमपि सततं प्रयत्न: करणीय: येन आदरयोग्य: समाज: उत्पद्यते इति।

मौलिकाधिकार-संवैधानिकाधिकार-मानावाधिकारभेद:

सामान्यरूपेण छात्रै: मौलिकाधिकार:, संवैधानिकाधिकार: मानवाधिकारश्चेत्यादिभेद: न ज्ञायते तदर्थमत्र एतेषां त्रयाणाम् अधिकाराणां भेदचर्चा विधीयते-

संवैधानिकाकार:

मौलिकाधिकार:

मानवाधिकार:

एतेषां को भेद: इति विचारयाम: ?

अधिकारा: अस्माकं मूलभूतस्वतन्त्रता: भवन्ति, राज्येन या: संरक्षिता: क्रियन्ते। राज्यस्य निर्माणपृष्ठभूमि: अस्माकं मूलभूतस्वतन्त्रतानां रक्षणायैव आसीत्। प्राकृतिकस्वतन्त्रता: वयं राज्यादेशेन परिपालयाम:, पूर्णरूपेण व्यक्तित्वविकासं कुर्म:। व्यवस्थापिका, कार्यपालिका, न्यायपालिका इत्यादिभि: कारणै: मानवेभ्य: न्यायिकाधिकारा: प्रदीयन्ते येषां कारणेन ते स्वीयं विकासं कर्तुं प्रभवन्ति। तेषाम् अधिकाराणां राज्यं संरक्षणं करोति। इमे सामान्या: अधिकारा: समाजे न रक्ष्यन्ते।

संवैधानिकाधिकारा: - केचनाधिकारा: परमावश्यका: वर्त्तन्ते, ये संवैधानिकाधिकारा:। इमे सर्वोच्चाधिकारा: अपि भवन्ति। यत: कानूनव्यवस्थायां स्थापिता: भवन्ति। इमे सीमिता: अधिकारा: भवन्ति।

मौलिकाधिकारा: - एकदेशस्य परिप्रेक्ष्ये अपेक्षितेभ्य: देशस्य स्थितौ दीयन्ते

संवैधानिकाधिकारा: मौलिकाधिकारा: भारतीयपरिप्रेक्ष्ये समाना: न सन्ति। अनेके अधिकारा: संविधाने यत्र तत्र विकीर्णा: सन्ति। ते संवैधानिकाधिकारा:। मौलिकाधिकार: एकस्मिन् स्थले स्थापिता: भवन्ति। उदाहरणम् - अनुच्छेद: - 31- संपत्ते: मौलिकाधिकार: आसीत्। संविधानात् पृथक् न कृत:। मूलमौलिकाधिकारात् बहि: कृत:।

मानवाधिकार: - सार्वभौमिकमानवाधिकारा: केचन सर्वदेशानां जनानां कृते वर्तन्ते। बहव: अत्र अधिकारिका: मौलिकाधिकाररूपेण स्वीक्रियमाणा: वर्तन्ते। स्वच्छजलप्राप्ति:, शुद्धवायुप्राप्ति: इत्यादय: अधिकारा: मौलिकाधिकाररूपेण स्वीक्रियमाणा: वर्तन्ते। मानवाधिकाररक्षायै उच्चतमन्यायालयं गन्तुं प्रभवाम: उत न इति ज्ञेयम्। मानवाय मानवत्वकारणेन लभ्यन्ते ते मानवाधिकारा:।

एते सर्वेऽपि अधिकारा: समाजस्य स्थितिं सुदृढां व्यवस्थितां च कर्तुं स्वीयं योगदानं कुर्वते। समाजस्था: समेऽपि जना: स्वयमेव अधिकारान् प्राप्तुम् उत्सुका: सन्ति किन्तु मुख्यन्तु सर्वै: दायित्वपालनं नैव ज्ञायते। ये केऽपि जना: समाजे स्वस्य दायित्वनिर्वहणाय प्रयतन्ते तेऽवश्यं यथासमयं तल्लक्ष्यं प्राप्नुवन्ति एव इति कारणेनायं भेद: स्फुटतया ज्ञेय: एव।

मानवाधिकार: एकस्यां दृष्टौ-

प्राप्तपूर्वज्ञानाधारेण यदि समग्ररूपेण एकदृष्ट्या मानवाधिकारविषयं ज्ञातुमीहामहे तर्हि बिन्दुश: किञ्चिदिव विवरणं पठितुं शक्यते।

- मनुष्यस्य तेऽधिकारा: ये मानवजीवनयापनाय आवश्यका: भवन्ति।
- मैग्नाकार्टा- 15 जून 1215 लन्दने सामन्ता: बलात् तत्रत्यशासकजॉनात् मैग्नाकार्टे हस्ताक्षरम् अकारयन्।
- अमेरिकाक्रान्ति: 4 जुलाई 1776- स्वतन्त्रता-समानता प्रथमतया अयं विषय: दृश्यते, अयमेव स्वतन्त्रतासंग्राम: उच्यते।
- (जॉनलॉक:- जीवनं स्वतन्त्रता सम्पत्तिश्च)
- मानवाधिकारप्रगतिशीलक्रान्ति: फ्रान्सक्रान्त्या 14 जुलाई 1789, तत्रत्यं ध्येयम्, स्वतन्त्रता, समानता, बन्धुत्वम् इति आसीत्।
- मानवाधिकारसार्वभौमिकघोषणा- संयुक्तराष्ट्रसंघेन 10 दिसम्बर 1948

मानवाधिकारदिवस: आमन्यते। तस्मिन् एव दिने संयुक्तराष्ट्रेन मानवाधिकार: स्वीकृत:। अयमेव मैग्नाकार्टा उच्यते।

- मानवाधिकारायोग: 16 फरवरी 1946 ।
- नामपरिवर्तनं जातम्- मानवाधिकारपरिषद्- 16 जून 2006 ।
- संयुक्तराष्ट्रसंघेन मानवाधिकारोच्चायुक्तस्य नियुक्ति: 20 दिसम्बर1993 मध्ये कृता। मानवाधिकारमुख्यालय: जेनेवायां वर्त्तते।
- मानवाधिकारसंरक्षणाधिनियम: 28 दिसम्बर 1993 तमे वर्षे प्रावधाने आनीत:। राष्ट्रियमानवाधिकारायोगस्य परिघटनं मानवाधिकारसंरक्षणाधिनियमस्य अन्तर्गतत्त्वेन अभूत्। अस्याध्यक्ष: उच्चतमन्यायालयस्य सेवानिवृत्त: न्यायाधीश:। एक: सदस्य: उच्चतमन्यायालयस्य वर्तमानसदस्य: भवति। एक: न्यायाधीश: उच्चन्यायालयस्य अस्ति उत आसीत्। द्वौ सदस्यौ मानवाधिकारविशेषज्ञौ भवत:। राष्ट्रियमानवाधिकारायोगस्य मुख्यालय: देहल्यां वर्त्तते। राष्ट्रियमानवाधिकारायोगस्य सदस्यानां नियुक्तिं राष्ट्रपति: करोति। अध्यक्षसदस्यानां कार्यकाल: पञ्चवर्षाणि अधिकतमपञ्चसप्ततिवर्षपर्यन्तं भवितुमर्हति। वर्तमानाध्यक्ष:एवमेव विभिन्नराज्येषु अपि राज्यमानवाधिकारायोग: भवति येषाम् अध्यक्षाणां नियुक्तिं राज्यपाल: करोति। मानवाधिकारसमिति: एव सदस्यानां नियुक्तिं करोति। N.H.R.C. राष्ट्रियस्तरे प्रधानमन्त्री समितेरध्यक्ष: भवति। राज्यमानवाधिकारायोगस्य संस्तुतिं राज्यमुख्यमन्त्री करोति। अत्र अन्येऽपि सदस्या: भवन्ति। सामान्यरूपेणापि स्वशासितसंस्था: देशे विदेशे मानवाधिकाररक्षणदृष्ट्या कार्य विदधाति। तत्र लन्दनस्थ-एमेनेस्टी इन्टरनेशल (1961) अस्य संस्थापक: पीटरवैनेंसनवर्य: वर्त्तते। एवञ्च 1978 तमे वर्षे अमेरिकायां संस्थापितं न्यूयार्कस्थ-ह्यूमनराइटवाच इति।
- भारते मानवाधिकारसंग्रामसमिति: कन्फेडरेशन ऑफ ह्यूमन राइट ऑर्गेनाइजेशन, विजिन इण्डिया मूवमेंट, नेशनल कॉम्पेन ऑन दलित ह्यूमनराइटस चेत्यादय: सन्ति।

उपसंहाररूपेण एते बिन्दव: मानवाधिकारस्य विचारणेन केचन विषया: अस्माकं दृष्टिं वर्धयितुं जागरूकतां च प्रसारयितुं महत्त्वपूर्णां भूमिकां निर्वहन्ति।

चतुर्थोऽध्याय:

अनुसूचितजातीनाम् अधिकारा:- (Scheduled Cast)

- अनुसूचितजाति-जनजात्यत्याचारनिवारणाधिनियम: 1969 इत्यनुसारेण-जातिसूचकशब्दानां प्रयोग: दण्डनीयापराध: च।
- अनुसूचितजातिजनानां कूपजलपानात् निवारणं न, अस्य कृतेऽपि दण्डनम्।
- असूचितजातिजनानां भूमौ अधिकार: न करणीय:।
- जनजातिजनानां पीडितजनानां सुरक्षाया: विशेषाधिकार:।
- अयं विधि: अस्य वर्गस्य सम्मानस्वाभिमान-समुत्थानहितानां रक्षायै परिघटित:। (अत्र दण्डनं बहुविधिकं वर्त्ते आजीवनकारावास:, एवञ्च मृत्युदण्डनमपि भवितुमर्हति।

अनुसूचितजनजातीनाम् अधिकारा: (ST) (Scheduled Tribe)

- अस्या: जाते: जनेभ्य: मलमूत्रादीनां भक्षणम् अपराध:।
- एतेषां सामाजिकबहिष्कार: व्यापारात् निष्कासनं चापराध:।
- एतेभ्य: कार्यस्य अदानम् उद्योगे अस्थापनमेतदपि अपराध:।
- एतान् पीडयितुं तेषां गृहपुरस्तात् मलमूत्रादीनां स्थापनम्।
- बलपूर्वकं तेषां वस्त्रनिष्कासनम्, कृष्णमुखं कृत्वा समाजे भ्रमणम्।
- अवैधरूपेण तेषां भूमिस्वीकरणं बन्दीरूपेण कार्यकारणम्।
- मतदानदाने तेषां निवारणम्, विशिष्टजनाय मतदानाय प्रेरणम्।
- भिक्षायाचनाय विवशीकरणम्।

अन्यपिछड़ावर्गस्य अधिकार: (OBC) (Other Backward Classes)

- अस्या: जाते: महिलानाम् इच्छाविरुद्धं बलपूर्वकं यौनशोषणम्।
- उपयोगयोग्यानां जलस्रोतसां मलिनीकरणम् अनुपयोगिकरणं च।
- सार्वजनिकस्थानेभ्य: गमननिवारणम्-

अस्याधिनियमाधारेण विंशति: कृत्यानि अपराधरूपेण स्वीक्रियन्ते इमेऽधिकारा: एतेषां रक्षणीया: एव । यदि कश्चनापि अत्र व्यवधानं समुत्पादयति तर्हि तस्योपरि दोषे सिद्धे सति षाण्मासिकात् पञ्चवर्षाणि यावत् कारावासो भवितुमर्हति इति ।

अस्मिन् सन्दर्भे सर्वकारीयजनै: एतेषाम् अधिकारसंरक्षणाय अनुक्षणम् इमानि कर्त्तव्यानि परिपालनीयानि । तानि यथा-

- प्रथमसूचनादोष: (प्राथमिकी, FIR) त्वरितं स्वीकरणीय:।
- हस्ताक्षरकारणात् पूर्वं आरक्षकालये लिखितविषय: पठनीय: भविष्यति।
- पीडितस्य पक्षधरस्य च पक्ष: स्वीकरणीय:।
- प्राथमिक्या: अभियाचिकाया: 60 दिनेषु एव (चार्जशीट) आरोपपत्रस्य स्थापनम्।

अनेन अधिनियमेन अनुसूचितजनजातीनाम् अनुसूचितजातीनां कृते बहव: अधिकारा: प्रदत्ता:।

एनम् अत्याचारनिवारणाधिनियमं वक्तुं शक्नुम:।

विशेषप्रोत्साहनयोजना-

- नागरिकाधिकाराधिनियम: (सुरक्षा) 1955 ।
- 8 फरवरी 1989- राष्ट्रियानुसूचितजाति-जनजातिवित्तविकासनियम: (NSFDC) ।
- 20 सूत्रीकार्यक्रमसूत्रम्- 11(A) जनजाते: कृते निजकार्यक्रमेषु आरक्षणसहितं सक्रिययोजना।
- अनुसूचितजातिविशेषघटकयोजना (SCP) ।
- अनुसूचितजातिविकासव्यूरो इत्यस्य अन्तर्गते अनुसूचितजात्युपयोजनाया: (SCSP) क्रियान्वयनम्।
- (NSKFDC) राष्ट्रियसफाई-कर्मचारिवित्तविकासनियम:।

अनुसूचितजातीनां हितरक्षणाय मुख्यदायित्वं केन्द्र-राज्यसर्वकारयोरस्ति, किन्तु विशिष्य मन्त्रालय: योजनाबद्धरूपेण अनुसूचितजातीनामनुसूचितजनजातीनां च हिताय योजनां करोति इति । तत्र विशिष्य अनुसूचितजाति-जनजात्योरत्याचारनिवारणाधिनियम: 1989 अत्यधिकं प्रभावमकरोदिति विस्तरेण परिज्ञातमेव।

महिलानामधिकारा:-

भारतीयपरम्परा महिलानां विषये **'मातृवत् परदारासु'** इत्यस्मात् वाक्यात् समारभते। जना: सर्वत्र देशे प्राचीनकाले मातृशक्तिं प्रणमन्ति स्म। तदर्थमेव प्रतीकरूपेण सरस्वती, लक्ष्मी:, दुर्गा चेत्यादय: देव्य: प्रसिद्धा:। तासां मातृशक्तिभूतानां महिलानां दु:स्थिति: समाजे दृश्यमाना वर्तते तन्निवारणाय अद्यत्वे महिलानां कृते अधिकारा: ज्ञाप्यन्ते। तेषां ज्ञानेनैव दोषाणां प्रतिनिवृत्ति: भवतीति। ते च यथा –

महिलानां सामाजिकदृष्ट्या अनेकेऽधिकारा: वर्तन्ते। प्राचीनकालादेव चलितमस्ति यत् **यत्र नार्यस्तु पूज्यन्ते रमन्ते तत्र देवता:**। नवदशम्यां शताब्द्यां परिलाभं संग्रह्य विंशत्यां शताब्द्यां समानाधिकाराय महिलानामान्दोलम् (फेमिनिस्टान्दोलनम्) विश्वस्तरे प्रावर्तत। तत्र महिलानां विशेषतया केचनाधिकारा: यथा– परिलाभस्य अखण्डता स्वतन्त्रता च, मौनहिंसाभ्य: मुक्ति:, मताधिकारस्य स्वातन्त्र्यम्, सार्वजनिकपदधारणस्वातन्त्र्यम्, विधिककार्येषु भागस्वीकरणस्वातन्त्र्यम्, पारिवारिककार्ये सम्पत्तिषु समानाधिकार:, कार्यकरणस्वातन्त्र्यम्, समानवेतनप्राप्ति:, प्रजननाधिकारस्वातन्त्र्यम्, शिक्षाप्राप्ते: अधिकार:।

- कन्याभ्रूणहत्यात: विरुद्धम् अधिकार:।
- नाम्न: सार्वजनीनाकरणस्याधिकार:।
- रात्रौ आरक्षकै: अग्रहणस्याधिकार:।
- समानवेतनाधिकार:।
- मातृत्वसम्बद्धाधिकार:।
- गरिम्ण: शीलतायाश्चाधिकार:।
- मुक्ताविधिकपरामर्शाधिकार:।
- सम्पत्ते: अधिकार:।
- गृहहिंसाविरुद्धाधिकार:।

एवं च एतदतिरिच्यापि महिलानाम् अनेकेऽधिकारा: सन्ति, येषां परिपालनं कर्तव्यमेव, तासां पीडनं घोरापराधरूपेण भवति। तत्संज्ञाने स्वीकर्तुं राष्ट्रिय-राज्यमहिलायोगा: सन्ति (न्यायालयोऽपि प्रक्रियायै बाध्य:)। मातृशक्ति: पोषणात्मिका आदरणीया च भवति, यया एव समाजस्य दायित्वानि अभिवर्धन्ते।

अल्पसंख्यकानाम् अधिकाराः:-

भारतदेशः आत्मीयः वर्ततेऽत्र यः कश्चनापि आयाति सः सहजरूपेण एव सर्वप्रकारसुखसौविध्यम् उपलभ्यनुगुणं प्राप्नोत्येव। केचन समाजे सुखाय यतमानाः भवन्ति केचन च यथाकथञ्चित् स्वीयमधिकारमेव ईहन्ते।

भारतीयसंविधाने धार्मिकभाषायि-अल्पसंख्याकानां कृते 29-30 तमयोः अनुच्छेदयोः विशेषाधिकारः वर्त्तते। अनुच्छेदः 29(1) इत्यनुसारेण केऽपि अल्पसंख्यकाः भारतस्य कस्मिंश्चिदपि राज्ये स्थाने वा तिष्ठन्ति तत्र ते स्वभाषां लिपिं संस्कृतिं तत्क्षेत्रं च रक्षितुं प्रभवन्ति इति तेषां पूर्णाधिकारः। अल्पसंख्यकानाम् अधिकारसंरक्षणाय 1992 तमे वर्षे राष्ट्रियाल्पसंख्यकाधिनियमः परिपालितः यत् राष्ट्रियाल्पसंख्यकायोगः स्यात्। तत्र कल्याणमन्त्रालयेन (भारतसर्वकारस्य) 1993 तमस्य वर्षस्य अक्टूबरमासस्य 23 दिनाङ्के पञ्च धार्मिकसमूहाः अल्पसंख्यकसमुदाये परिगणिताः यथा- मुस्लिम-ईसाई-सिख-बौद्धपारसी-इत्यादयः। एवं च 27 जनवरी 2014 तमे दिनाङ्के राष्ट्रियाल्पसंख्यकायोगविधिः 1992 इत्यस्य धारा- 2,(ग) मध्ये जैनसमुदायोऽपि अधिसूचितः इति। अल्पसंख्यकानाम् अधिकारपालनाय आयोगः सततं कार्यं विदधाति।

राष्ट्रियशिक्षानीत्या (1986) समानता-सामाजिकन्यायहिते शैक्षणिकरूपेण दुर्बलानाम् अल्पसंख्यकानां कृते विशेषशिक्षायाः व्यवस्था विहिता। 1992 तमे वर्षे द्वौ विषयौ योजितौ शैक्षिकरूपेण दुर्बलाल्पसंख्यकानां गहनक्षेत्रीयकार्यक्रमः। मदरसाशिक्षाधुनिककरणं वित्तीयसहायता योजना च 1993-94।

राष्ट्रियाल्पसंख्यकशैक्षिकसंस्थायोगस्य घटनं 2004 तमे वर्षे जातम्। यत्र अल्पसंख्यकसंस्थाः अनुसूचितविद्यालयेन स्वयं सम्बद्धान् कर्तुं शक्नुवन्ति। अल्पसंख्यकानां सर्वकार्याणि द्रष्टुं राष्ट्रियाल्पसंख्यकायोगः 1992 तमे वर्षे घटितः। तदनु राष्ट्रियाल्पसंख्यकायोगः 1997 तमे वर्षे परिघटितः तस्य कार्याणि अल्पसंख्यकानां संरक्षणम् उपायानां मूल्याङ्कनम् अनुश्रवणम्।

सर्वकारस्य अन्यमन्त्रालयेभ्यः परामर्शप्रदानम् अल्पसंख्यकानां भारतसर्वकारेण सर्वविधसौविध्यप्रदानाय प्रयत्नः विधीयते यत् जनानां सौविध्यकल्पनं स्यात्। आयोगादिभिः अल्पसंख्यकानां संरक्षणदृष्ट्या कार्यं क्रियते। केषामपि अधिकाराणां हननं न जायेत। तदर्थं भारतसर्वकारेण प्रयत्नः विधीयते। अत्र सर्वेषामपि वर्धनदृष्टिः

वर्तते । कथमिव जनानां वर्धनं करणीयमिति चिन्तनं प्रवर्तते एव । एवमेव दिव्याङ्गानां विषयेऽपि ।

दिव्याङ्गानामधिकारा:

भारतस्य प्रत्येकं मानवस्य विशिष्टं योगदानं भवति । कश्चन अपि जन: महान् मेधावी भवितुमर्हति इति कोऽपि पामर: विद्वान् च अनुमातुं न शक्नोति । अष्टवक्रस्य दृष्टान्तत्वेन सर्वैरपि भारतीया आदरयोग्या परम्परा ज्ञायत एव । दिव्याङ्गानामपि अधिकारसंरक्षणाय महत्त्वपूर्णं योगदानमस्ति भारतसर्वकारस्य । तेषामपि मुख्यधारायामानयनं मोदाय प्रकल्पते ।

भारते दिव्याङ्गताग्रसितव्यक्तीनामधिकारे संयुक्तराष्ट्रस्य सन्धे: समञ्जनस्याभिपुष्टि: कृता । सर्वेषां विकलाङ्गताग्रसितव्यक्तीनां सम्पूर्णमानवीयाधिकाराणां बुनियादिस्वतन्त्रतानां विकलाङ्गतानाम् आधारेण भेदभावं विना व्यवहारस्य संकल्प: विहित: । अन्ताराष्ट्रियप्रतिबद्धताया: पूर्तये देशस्य कर्त्तव्यं यत् राष्ट्रसंधिमध्ये मान्यताप्राप्ताधिकाराणां प्रोत्साहनपुरस्सरं समुचितविधिनिर्माणं कुर्यात् । भारतेन देशे विकलाङ्गताग्रसितव्यक्तीनां समानतायै सम्पूर्णसहभागितायै विकलाङ्गव्यक्ते: (समानाधिकार:, अधिकाराणां संरक्षणं, सम्पूर्णसहभागिता) अधिनियम: 1995 तमे वर्षे परिपालित: । विधिरियम् अनेकेभ्य: वर्षेभ्य: विकलाङ्गेभ्य: महत्त्वपूर्णभूमिकां निर्वहति ।

विकलाङ्गव्यक्तीनाम् अधिकाराधिनियम:-

- पूर्णसहभागिताया: समावेशसहितसत्यनिष्ठाया: गरिम्ण: सम्मानस्य च समावलम्ब: ।
- मानवीयविविधताया: उपयोग: मानवीयान्तर्निभरता ।
- अपशब्द-ग्लानि-रहिताशक्तिकरण-रूढिबद्धतामुक्तजीवनम् ।
- अन्यै: सह समानता-आधारेण नागरिक-राजनीतिक-समाजिकाधिकाराश्वासनम् ।

सामन्यरूपेण इमेऽधिकारा: दिव्याङ्गजनानां वर्तन्ते । तदर्थं विकलाङ्गव्यक्तिनाम् अधिकाराधिनियम: ।

विकलाङ्गानाम् अधिकारा:-

- स्वतन्त्रताधिकार: ।
- न्यायप्राप्तेरधिकार: ।

- सम्पूर्णताधिकार:।
- हिंसा-दुर्व्यवहारोत्पीडनसंरक्षणाधिकार:।
- उत्पीडनदुर्व्यवहारहिंसाभ्य: संरक्षणम्।
- निजताधिकार:।
- वाण्यभिव्यक्ति-सूचनानां स्वतन्त्रता।
- स्वतन्त्रतापूर्वकं समुदाये स्थितेरधिकार:।
- मतदानस्य, निर्वाचने प्रतिभागस्य, सार्वजनिककार्यालयेषु कार्यकरणस्य चाधिकार:।
- शिक्षाधिकार: (23A) उच्चशिक्षाधिकार:।
- प्रवेशाधिकार: (विद्यालये प्रवेश: न कारित:) उच्चशिक्षासंस्थानेषु आरक्षणम्।
- सामाजिकसुरक्षाधिकार:।

एवं कृत्वा दिव्याङ्गानाम् अनेके अधिकारा: सन्ति। तेषां परिपालनम् अवश्यं प्रकर्त्तव्यमेव। नि:शक्ताधारेण पदोन्नतौ भेदभाव: भवितुं नार्हति। समानसमरस्य नीतय: समालम्बनीया:।

राष्ट्रियानुसूचितजात्यायोग: (NCSC)

(Naitional Commission for scheduled cast and scheduled tribe)

राष्ट्रियस्तरे भेदभावस्य निवृत्तये अनेकानि स्तम्भानि अपेक्षानि। सर्वकारोऽपि स्वीयं योगदानं कुरुते। जना: अपि सततपरिश्रमपूर्वकं योगदानं कुर्यु:। तदर्थं सर्वकारस्य दायित्वं दृश्येत इति दृष्ट्या राष्ट्रियानुसूचितजात्यायोग: निर्मित:।

राष्ट्रियानुसूचितजात्यायोग: संवैधानिकनिकायोऽस्ति अयं विविधानुच्छेदानामाधारेण परिघटित: वर्तते। संविधानस्य (338) अष्ट्रत्रिंशदुत्तरत्रिशततमेन अनुच्छेदेन संविधाने अनुसूचितजाते: अनुसूचितजनतेश्च कृते विशेषाधिकारी नियोजयितुं शक्यते। अयं मुख्याधिकारी अनुसूचितजाति-जनजातीयानामधिकारसंरक्षणसम्बद्धविलम्बितकर्तव्यानां निरीक्षणं विधाय प्रतिवेदनं राष्ट्रपतये प्रेषयिष्यति। अयमेवाधिकारी अनुसूचितजाते: जनजातेश्च आयुक्त: उच्यते।

इतिहास:-

1978 तमे वर्षे सर्वकारेण अनुसूचितजातीनां जनजातीनां च कृते एक: असांविधिकबहुसदस्यीय: आयोग: संरचित:। अत्रापि एक: आयुक्त: नियुक्त: एवं कृत्वा आयुक्तद्वयमस्तित्वे आगतम्।

1987 तमे वर्षे सर्वकारेण आयुक्तानां कार्येषु संशोधनं विहितम्। तथा च आयोगस्य नामपरिवर्तनं कृत्वा राष्ट्रियानुसूचितजाति-जनजात्यायोग: कृत:। अनन्तरं पञ्चषष्टितमेन संविधानसंशोधनेन 1990 तमे वर्षे अनुसूचितजाति-जनजातीनां कृते एकस्य विशिष्टस्य अधिकारिण: स्थाने एकस्य उच्चस्तरीयबहुसदस्यीयराष्ट्रिय-अनुसूचितजातिजनजात्यायोगस्य स्थापना कृता। 1990 तमात् परं विशेषपरिर्वतनं जातम्। इत: परमुभयमायोगै: एकत्रैव स्थापितम्। एवञ्च 89 तमे संशोधने 2003 तमे वर्षे अनुसूचितजात्यायोग:, अनुसूचितजनजात्यायोगश्च आयोगद्वयं स्थापितम्। 338 'क' मध्ये अनुसूचितजाति-आयोगश्च परिघटित:। पृथक् राष्ट्रियानुसूचितायोग: 2004 तमे वर्षे अस्तित्वे आयात: यत्र अध्यक्ष:, उपाध्यक्ष:, त्रय: सदस्याश्च भवन्ति। सर्वेषां नियुक्ति: राष्ट्रपतिना एकेन मुद्रापितादेशपत्रेण जायते। सेवाकार्यकालोऽपि राष्ट्रपतिना एव निर्धार्यते।

मुख्यकार्याणि –

- अनुसूचितजातीनां संवैधानिकाधिकाराणां संरक्षणं निरीक्षणम् अधीक्षणं समीक्षणं च।

- अनुसूचितजातीनां हितानाम् उल्लङ्घनकर्तृणां निरीक्षणं विषयश्रवणं च।

- अनुसूचितजातीनां सामाजिकार्थिक-विकाससम्बद्धयोजनानां निर्माणं परामर्श: निरीक्षणं मूल्याङ्कनञ्च।

- संरक्षणसम्बद्धकृतकार्याणां समीक्षणं राष्ट्रपतिं प्रति प्रेषणम्।

प्रतिवेदनम् – आयोग: प्रतिवेदनं राष्ट्रपतये प्रेषयति। राष्ट्रपति: सम्बद्धराज्याय प्रेषयति। राज्यपाल: तस्य विषयेऽवधानं कृत्वा यथानियमं विषयान् परिपालयति। एवमेवोभयो: आयोगयो: विषयेऽभिज्ञातुं शक्यते।

राष्ट्रियमहिलायोग:– (National Commission for women, India)

न केवलं भारते सम्पूर्णविश्वे महिलानाम् उपरि अपराधानां सङ्ख्या प्रवर्धमानास्ति। तत्र बलात्कार:, गृहहिंसा, दहेजप्रताडनं, यौनशोषणम् अनेकप्रकारा: सन्ति। भारते पुरुषाधारितसभ्यताया: कारणेन महिलापराध: प्राथम्येन नैव स्वीक्रियते। तेन संख्या वर्धमानास्ति। यद्यपि महिलानां कष्टनिवारणाय बहुविधप्रयत्ना: आरक्षकै: सर्वकारेण प्रशासनेन च क्रियन्ते किन्तु राजनैतिक-धनसामर्थ्येन वा क्वचित् तासां विषय: न श्रूयते। तत्र महिला: सद्यस्करूपेणापि स्वीयाम् अभियाचनां महिलायोगाय

प्रदातुं शक्कुवन्ति। राष्ट्रियमहिलायोगस्य स्थापनायै संस्तुति: नवत्युत्तरनवदशशतमे वर्षे राष्ट्रियमहिलायोगाधिनियमेन जाता। तदाधारेणैव 31 जून 1992 तमे वर्षे महिलायोगस्य स्थापनाभूत्। भारतीयसंविधाने भारतीयानां जनानां कृते समानसामाजिकार्थिक-राजनैतिकन्यायै: सह अभिव्यक्ते: स्वतन्त्रता कृता वर्तते तदाधारेणैव समाजे नारीशक्ते: महत्त्वपूर्णस्थानत्वात् राष्ट्रियमहिलायोग: स्थापित:। महिलानां शक्ते: वर्धनाय आयोग: परिघटित:। अस्य प्रकृति: सांविधिक: परामर्शश्च वर्तते।

स्थापनाया: कारणानि –

- महिलानां सन्दर्भे संवैधानिकवैधानिकरक्षोपायानां पुनरावलोकनम्।
- महिलानां पक्षे विधाय्युपचारसम्बद्धविधीनां निर्देशनम्।
- सर्वकाराय महिलानां हितप्रभावकाणां नीतीनां सम्बद्धपरामर्श:।
- महिला: शक्ता: भवेयु:, तासां कार्यसामर्थ्यं समानस्थिते: वर्धनं जायेत।

महिलायोगस्य संरचना–

अत्रत्या संरचना समाजस्य स्थितिपरिपालिका वर्तते सा च –

अध्यक्ष: –1

सदस्या: – 5

सदस्यसचिव: – 1 (प्रशासिकसेवाया:)

राष्ट्रपति: आयोगस्य सदस्यानां नियुक्तिं करोति। सदस्येषु न्यूनातिन्यूनम् एक: अनुसूचितजाते:, एक: अनुसूचितजनजातेश्च सदस्यौ भवेताम्। एतेषां कार्यकाल: सामान्यरूपेण वर्षत्रयस्य भवति।

आयोगस्य शक्तय: कार्याणि च –

आयोगस्यानेकानि कार्याणि शक्तयश्च सन्ति यासां प्रयोगम् आयोग: महिलानां संरक्षणाय कर्तुं प्रभवति। तच्च –

- संविधाने विद्यमानानां महिलासम्बद्धरक्षोपयानां निरीक्षणम्।
- केन्द्रसर्वकाराय तेषां प्रतिवेदनानां सम्प्रेषणम्।
- महिलानां स्थितौ परिष्काराय केन्द्रराज्येभ्य: सुरक्षोपायानां प्रभाविक्रियान्वयनाय प्रेरणम्।
- महिलासम्बद्धविधिषु प्रावधानेषु वा संशोधनाय संस्तुति:।

- महिलासम्बद्धात्याचाराणामभियाचना उचिताधिकारिभ्य: प्रदानम्।
- महिलाभि: सह क्रियमाणानां भेदभावानाम् अत्याचाराणां च अध्ययनम्।
- महिलानां प्रगतयेऽध्यापनं मूल्याङ्कनं च।
- महिलासम्बद्धकारागाराणां परिष्कारगृहाणां, छात्रावासानां च निरीक्षणं परिष्कार: परामर्श: संस्तुतिश्च।
- महिलानां स्थितिपरिष्काराय केन्द्रसर्वकाराय वार्षिकप्रतिवेदनसम्प्रेषणम्।

आयोगस्य पुरस्तात् समस्या: –

- आयोगस्य प्रकृति: केवलं परामर्शदात्री वर्ततेऽत: आयोग: समाधानं कर्तुं न प्रभवति।
- आयोगस्य पार्श्वे कार्यकारिशक्तय: न सन्ति।
- आयोगस्य प्रशासनिकसंरचना दुर्बला अस्पष्टा च।
- सम्बन्धिताधिकारिभ्य: सूचना प्रेष्यते, तेऽनुरक्षणम् अवधानं न कुर्वन्ति, अत: समाधानानि न जायन्ते।
- आयोगस्य पार्श्वे मिथ्या सूचना आयान्ति। संसाधनानि नष्टानि जायन्ते।
- जनसामान्ये शिक्षाया: सूचनायाश्च अभाव:।

एवमेव महिलानां संरक्षणाय विविधस्थलेषु चर्चा कृता। तदर्थं राज्येषु अपि महिलासंरक्षणायोगा: विनिर्मिता: वर्तन्ते।

महिलानां संरक्षणेनैव समाजस्य प्रतिष्ठा रक्षा च। महिला: सर्वदा समाजस्य प्रतिष्ठा: भवन्ति। तासां सम्माननेन अध्यापनेन च समाज: स्वयमेव सुशिक्षितो भवति। महिला: धैर्यरूपा: पावित्र्यप्रतिमूर्तयश्च भवन्ति। तासाम् अपमाननं तिरस्कारो वा अत्यन्तं दण्डनीय: वर्तते। अत: महिलानां रक्षायै प्रत्येकं जनेन **'मातृवत् परदारेषु'** इति विचिन्त्य संरक्षणं करणीयमिति।

पञ्चमोऽध्यायः

राष्ट्रियमानवाधिकारायोगः:-

अस्मद्देशे सर्वविधपरिस्थितिं दृढां कर्तुं मानवाधिकार: आवश्यक:। तदर्थं कश्चन देशस्तरे राज्यस्तरे च आयोग: स्यात्। य: मानवाधिकाराणां परिपालनाय तत्पर: स्यात्। तच्च यथा –

1946 तमे वर्षे संयुक्तराष्ट्रसङ्घस्य सामाजिकार्थिकपरिषदा एलोनोटरुज्वेल्टवर्याया: अध्यक्षतायां मानवाधिकारायोग: घटित:। अस्यै मानवानामधिकाराणां स्वरूपं सज्जीकर्तुम् दायित्वं प्रदत्तम्। आयोगेन जून 1948 तमे वर्षे मानवाधिकाराणां स्वरूपं सज्जीकृतम्। एतत्स्वरूपं स्वीकृत्य संयुक्तराष्ट्रमहासभया 10 दिसम्बर 1948 तमे वर्षे विश्वव्यापिघोषणा कृता। अत: प्रतिवर्षं दिसम्बरमासस्य दशमे दिनाङ्के मानवाधिकारदिवस: परिपाल्यते। संयुक्तराष्ट्रमहासभया 1966 वर्षस्य दिसम्बरमासस्य दशमे दिनाङ्के सामाजिक-सांस्कृतिकार्थिकसन्धि: कृत:। अस्मिन् मानवाधिकारसम्बद्धसन्धौ भारतेन अप्रैलमासस्य 10/1979 तमे दिनाङ्के हस्ताक्षरं विहितम्। निजक्षेत्रेषु अपि 1962 त: काश्चन संस्था: मानवाधिकारक्षेत्रे कार्यं कुर्वत्य: सन्ति। एकजनवरी 1995 त: 2004 यावत् संयुक्तराष्ट्रसङ्घेन मानवाधिकारेभ्य: वञ्चितराष्ट्राणां दशकमिति घोषितम्। भारते सितम्बरमासस्य 1993 तमस्य वर्षस्य मानवाधिकारसंरक्षणाधिनियम: पारित:। अध्यादेश: आनीत: , तदाधारेण अधिनियम: परिघटित:, तेन अधिनियम: आनीत:, तदन्तरङ्गत्वेन राष्ट्रियमानवाधिकारायोग: परिघटित: । अत: इयं सांविधिकसंस्था वर्त्तते इति। मूलत: संविधाने अस्या: ग्रहणं नास्ति चेदपि अधिनियम 1993 द्वारा परिघटितो वर्त्तते। सार्वभौमिकघोषणापत्रमेव मानवाधिकारायोगस्य आधारशिलारूपेण चिन्त्यते अनेनैव विश्वस्तरे समज्ञनं कर्तुं शक्यते। अत्र मेग्नाकार्टा विषयेऽपि ज्ञेयम्। अस्मिन् अधिनियमे 1993 तमस्य वर्षस्य अक्टूबरमासस्य दशमे दिनाङ्के न्यायमूर्तिरङ्गनाथमिश्रस्याध्यक्ष्ये राष्ट्रियमानवाधिकारायोगस्य परिघटनं जातम्।

1993 तमस्य वर्षस्य द्वादशे दिनाङ्के रङ्गनाथमिश्र: अस्यायोगस्य प्रथमोऽध्यक्ष: अभूत् । अस्य प्रधानकार्यालय: देहल्यां स्थापित: । अयं बहुसदस्यीयनिकाय: वर्तते । 1+4+4 इतीयं संरचना वर्तते । अत्र एक: अध्यक्ष:, चत्वार: सदस्या: च, चत्वार: पदेन सदस्या: भवन्ति, किन्तु स्थायिसदस्या: अध्यक्षं योजयित्वा 5 एव भवन्ति । अध्यक्ष: सर्वोच्चन्यायालयस्य मुख्य: वर्तमानन्यायाधीश: सेवानिवृत्त: न्यायाधीश: वा । उच्चन्यायालयस्य मुख्य: वर्तमानन्यायाधीश: उत सेवानिवृत्तन्यायाधीश: । एक: उच्चन्यायालयस्य न्यायाधीश: वर्तमान: सेवानिवृत्त: वा । द्वौ सदस्यौ मानवाधिकारसन्दर्भे विशेषज्ञौ भवत: । एतेषां नियुक्तिं राष्ट्रपतिमहोदय: करोति । परन्तु संस्तुतिस्तु प्रधानमन्त्रिण: चयनसमत्या क्रियते । अस्यां समितौ प्रधानमन्त्री, लोकसभाराज्यसभयो: अध्यक्षौ, विपक्षनेता, गृहमन्त्री च भवन्ति । इयं समिति: संस्तुतिं करोति तदाधारेण एव राष्ट्रपति: नियोजनं करोति । अयमायोग: असंवैधानिकनिकाय: वर्तते । यत: संविधानेऽस्य विषये उल्लेखो नासीत् किन्तु संसदि एतदर्थम् अधिनियम: परिपालित: ।

कार्याणि शक्तयश्च –

- मानवाधिकारसम्बद्धाभियाचनां सर्वकाराय प्रददाति ।
- दण्डं दातुमस्याधिकारो नास्ति ।
- आयोग: मानवाधिकारविरुद्धविषये स्वयमेव संज्ञानं स्वीकृत्य तदपाकर्तुं अभियाचनां करोति ।
- प्रताडितेभ्य: सहयोगराशिं दातुमस्याधिकार: नास्ति ।
- मानवाधिकारसम्बद्धस्थानां निरीक्षणं कुरुते–यथा कारागार:, संस्था: इत्यादिषु ।
- मानवाधिकारसम्बद्धं प्रतिवेदनं प्रतिवर्षं केन्द्रसर्वकाराय समर्पयति । राष्ट्रपति: सिद्धकदाचारमाध्यमेन अध्यक्षप्रभृतिसदस्यान् पदच्युतान् कर्तुमपि प्रभवति ।

अयं मानवाधिकारायोग: मानवै: जन्मन: प्राप्तानां नैसर्गिकाधिकाराणां रक्षणाय सततं प्रयतते । एवमेव राज्येषु अपि मानवाधिकारायोगा: 1993 राष्ट्रियमानवाधिकाराधिनियमाधारेण राज्यस्तरेषु परिघटिता: । साम्प्रतं पञ्चविंशत्यां राज्येषु मानवाधिकारायोगा: वर्तन्ते । ये राज्यस्तरे मानवाधिकारान् रक्षितुं प्रयतन्ते । तत्र वयं राज्यस्तरीयमानवाधिकारायोगं विचारयाम: अत्र –

राजस्थानराज्यमानवाधिकारायोग: –

अयं राज्यस्तरीयमानवाधिकारायोग: 1993 तमे वर्षे राष्ट्रिय-मानवाधिकाराधिनियमस्य एकविंशतिधारायां वर्णित:। राजस्थाने 18 जनवरी 1999 तमे वर्षे घटनं कृतम्। विधिवत् रूपेण कार्यस्य समारम्भ: मार्च 2000 मध्ये कृत:। राजस्थानस्य राज्यस्तरीयमानवाधिकारायोगस्य जयपुरे मुख्यालय: वर्तते। अयं संरचनास्तरे बहुसदस्यीयायोग: वर्तते। संस्थापनाकालेऽस्य संरचना 1+4 आसीत् अर्थात् एक: अध्यक्ष: + चत्वार: सदस्या:। साम्प्रतं संरचना 1+2 वर्तते। राज्यमानवाधिकारसंरक्षणाधिनियमे संशोधनं 2006 तमे वर्षे जातम्। इदानीम् अत्र त्रय: सदस्या: सन्ति। उच्चन्यायालयस्य वर्तमान: उत सेवानिवृत्त: न्यायाधीश: अध्यक्ष: भवति। राजस्थानराज्यमानवाधिकारायोगस्य प्रथम: अध्यक्ष: कान्ताभटनागर: आसीत्। राज्यमानवाधिकारस्य सदस्यौ एक: वर्तमान: उत सेवानिवृत्त: न्यायाधीश:, एक: जिला-उत अधीनस्थन्यायालयस्य न्यायाधीश: च भवति। सेवानिवृत्ते: आयु: पञ्च वर्षाणि उत यावत् 70 वर्षाणां सदस्य: न भवति।

राजस्थानराज्यमानवाधिकारस्य सदस्यानां नियुक्तिं राज्यपाल: करोति। अत्रापि संस्तुतिं राज्यमुख्यमन्त्रिप्रमुखसमिति: करोति। तत्र अध्यक्ष: मुख्यमन्त्री, सदस्या: गृहमन्त्री विपक्षनेता विधानसभाध्यक्षश्च भवन्ति। अत्र पदच्युततां राष्ट्रपति: सिद्धकदाचारमाध्यमेन करोति। राज्यमानवाधिकारायोग: राज्यसूचीसमवर्तिसूच्यो: कार्यक्षेत्रे कार्यं विधातुं शक्नोति। कार्याणि प्राय: समानानि एव भवन्ति किन्तु एतत्राज्यस्तरे कार्यं करोति।

अधोलिखितेषु राज्येषु मानवाधिकारायोगा: राज्यस्तरे वर्तन्ते –

आन्ध्रप्रदेश-असम-बिहार-छत्तीसढ़-गोआ-गुजरात-हरियाणा-हिमाचलप्रदेश-जम्मूकश्मीर-झारखण्ड-कर्नाटक-केरल-मध्यप्रदेश-महाराष्ट्र-मणीपुर-मेघालय-उड़िसा-पञ्जाव-राजस्थान-सिक्किम-तमिलनाडू-त्रिपुरा-उत्तरप्रदेश-उत्तराखण्ड-वेस्टबंगालेषु वर्तन्ते।

अत्र सामान्यतया परिचयपरिज्ञानाय अभिज्ञानाय राजस्थानराज्यमानवाधिकारा-योगस्य सामान्यपरिचय: प्रदत्त: वर्तते। अधिकज्ञानाय जिज्ञासुभि: छात्रै: तत्तत्स्थलेषु इमे विषया: सविस्तरं ज्ञेया:। एवञ्च मानवाधिकारसंरक्षणाय सततं प्रयत्नोयमिति अत: एव एतदामूलचूलपरिज्ञानं सर्वेषां स्यादिति।

सूचनायाः अधिकाराधिनियमः (RTI)

सर्वविषयेषु अद्यत्वे पारदर्शिता सुतराम् अपेक्षिता भवति। जनतायाः कार्यं जनतायाः स्थले तस्याः पुरस्तात् च जायेत इति अस्ति सद्भावविषयः। दोषे दृष्टे सति परिष्कारभावना पारदर्शितया आयाति। अतः समाजेऽस्मिन् पारदर्शिताः आनेतुं कश्चनाधिकारः सर्वेषां कृतेऽपेक्षिता इति चेत् सूचनायाः अधिकारः। यतः इयमपि सूचनाधिकारशिक्षा महत्त्वपूर्णा वर्तते। किन्तु सदुपयोगाय देशवर्धनाय व्यक्तिवर्धनाय च इति। असौ च सूचनाधिकारेण राष्ट्रं स्वकार्यप्रणालीं शासनप्रणालीं च सार्वजनिकं करोति। अस्यार्थः भवति सूचनाग्रहणाधिकारः। लोकतन्त्रे प्रत्येकं जनः अपेक्षाम् आकांक्षां च करोति यत् सर्वकारः पूर्णधनपावित्र्येण कर्त्तव्यनिष्ठया च दायित्वं परिपालयेत्। किन्तु तद्विपरीतं बहुविधशासनानि स्वीयकर्तव्यनिष्ठतां पूर्णतया न केवलं घ्नन्ति अपितु ध्वस्तयन्ति अपि। प्रत्येकं भारतीयः करमाध्यमेन देशं प्रति स्वीयं कर्तव्यं परिपालयति तेन तस्य ज्ञातुमधिकारोऽपि भवति यत् मद्द्वारा प्रदत्तधनेन सर्वकारः उचितं करोति उत न इति। आङ्ग्लेयाः सार्धद्विशतं वर्षाणि भारतस्योपरि शासनम् अकुर्वन्, तदा भारते तैः शासकीयगोपनीयताधिनियमः 1923 तमे वर्षे आनीतः। तदारभ्य अयं नियमः स्वतन्त्रतायाः परमपि यथावत् आसीत् एव। भारतेऽपि सर्वकारः तस्य लाभं स्वीकुर्वन् सूचनाः गोपनीयाः स्थापयन् एव आसीत्। सूचनायाः अधिकारं प्रति जागरूकता 1975 तमे वर्षे उत्तरप्रदेशसर्वकारः एवञ्च राजनारायणः इत्यनेन अभूत्। यत्र न्यायालयेन स्वादेशमाध्यमेन सार्वजनिककार्याणि वक्तुं प्रार्थना कृता। अनेन निर्णयेन नागरिकैः भारतीयसंविधाने अनुच्छेदे 19 (अ) इत्यनेन अभिव्यक्तेः स्वातन्त्र्यं वर्धयमानः सूचनाधिकारः योजितः।

1982 तमे वर्षे द्वितीयप्रेसायोगः शासकीयगोपनीयताधिनियमः 1923 इत्यस्य विवादस्पदधारा 5 इत्यमुं समापयितुं निवेदितवान्। यतः तत्र कुत्रापि परिभाषितं नासीत् यत् गुप्त इति किम् ? शासकीयगुप्तविषयः कः ? अतः परिभाषाभावे एतत्सर्वकारस्य निर्णयाधारितमासीत् यत् किं गोपनीयं किञ्च सार्वजनीनमिति।

केभ्यश्चित् वर्षेभ्यः परं 2006 तमे वर्षे विटप्पा मोइली इत्यस्य अध्यक्षतायां घटितः द्वितीयप्रशासनिकायोगः एनं विधिं समापयितुं प्रार्थितवान्।

सूचनायाः अधिकाराभियाचना सर्वादौ राजस्थाने समारब्धा। राज्ये 1990 तमे दशके सूचनायाः अधिकाराय जनान्दोलनस्य समारम्भः जातः। अत्र अरुणारायद्द्वारा भ्रष्टाचारस्य समास्तये जनसुनवाईकार्यक्रमः इति रूपेण प्रसिद्धः। 1989 तमे वर्षे

कांग्रेससर्वकारस्य पतनात् परं बी.पी.सिंहस्य सर्वकार: सत्तायाम् आयात:। तेन सूचनाया: अधिकारविधिं निर्मातुं वचनं प्रदत्तम्। 3 दिसम्बर 1989 तमे वर्षे तत्कालीन: प्रधानमन्त्री बी.पी.सिंह: संविधानं संशुध्य सूचनाधिकारविधिं निर्मातुं शासकीयगोपनीयताधिनियमे संशोधनघोषणाम् अकरोत्। किन्तु बी.पी. सिंहस्य सर्वकार: सर्वप्रयत्नपूर्वकमपि एतत्कार्यं कर्तुं न अशक्नोत्। अन्ते सर्वकारोऽपि अस्याधिककालं न प्राचलत्।

1997 तमे वर्षे केन्द्रसर्वकारेण एच.डी. शौरीवर्यस्याध्यक्ष्ये एका समिति: परिघटिता। यया मई 1997 तमे वर्षे सूचनाया: स्वतन्त्रताप्रारूपं प्रस्तुतं किन्तु शौरीसमिते: इदं प्रारूपं संयुक्तमोर्चाद्वारा न परिप्रकाशितम्।

2002 तमे वर्षे संसद् सूचनाया: स्वतन्त्रताविधेयकं फ्रिडम ऑफ इन्फॉर्मेशन बिल इति पारितवती। राष्ट्रपतिद्वारा एतस्य स्वीकरणं 2003 तमे जनवरीमासे कृतम्। किन्तु नियमावलीनिर्माणनाम्ना एतन्नैव परिपालितम्।

संयुक्तप्रगतिशीलगठबन्धनस्य (यू.पी.ए.) सर्वकार: घोषणापत्रे कृतसंकल्पस्याधारेण पारदर्शितायुक्तशासनव्यवस्थायै भ्रष्टाचारमुक्तसमाजाय च 12 मई 2005 तमे वर्षे सूचनाधिकाराधिनियमं 2005 संसदि पारितवान्। 15 जून 2005 तमे वर्षे राष्ट्रपते: अनुमति: लब्धा। 12 अक्टूबर 2005 तमे वर्षे जम्मूकश्मीरं विहाय सर्वत्र देशे संस्थापितम्। अनेन सह सूचनास्वतन्त्रताविधेयक: 2002 परिसमाप्त:। राष्ट्रियस्तरे परिव्यासे: पूर्वमेव पञ्च राज्यानि स्वस्तरे एतत् संगृहीतवन्ति। तत्र तमिलनाडु: गोवा 1997, कर्नाटक: 2000, दिल्ली 2001, असम: मध्यप्रदेश: राजस्थानं महाराष्ट्रं 2002 तमे वर्षे, जम्मूकश्मीरं च 2004 तमे वर्षे स्व्यकुर्वन्।

सम्पूर्णदेशे यदा सूचनाधिनियम: परिपालित: तदा पूर्वप्रस्थापितस्य नियमनस्य जम्मूकश्मीरं विहाय सर्वत्र परिसमासि: जाता। सूचनाधिकाराधिनियम: 2005 इत्यस्य धारा 12–13 केन्द्रीयसूचनायोग: परिघटित:। तत्रैव धारा 15–16 राज्यसूचनायोगस्य परिघटनं कृतं वर्त्तते।

केन्द्रीयसूचनायोग: (RTI)-

अत्र एक: मुख्यसूचनायुक्त:, 10 अन्यसूचनायुक्ता: भवन्ति। एकादश सदस्या: भवन्ति। मुख्यसूचनायुक्तस्य नियुक्तिं राष्ट्रपति: करोति। शपथग्रहणमपि राष्ट्रपति: एव

कारयति। विधि-प्रौद्योगिकी-सामाजिकसेवा-प्रबन्धन-पत्रकारिता- जनसम्पर्कादिषु एकस्य ज्ञाता भवेत्। कस्या: अपि संसद: सदस्य: न स्यात्। राजसभाया: सदस्य: स्यात् न तु विधानसभाया: सदस्य: स्यात्। लाभस्य पदं स्वीकुर्वन् न स्यात्। मुख्यायुक्तं निर्मातुं केन्द्रसर्वकार: समिति निर्माति। यत्र निर्णायका: अध्यक्ष: प्रधानमन्त्री, नेतृप्रतिपक्ष:, मन्त्रिपरिषद: कश्चनापि एक:। अर्थात् अत्र त्रय: भवन्ति। अत्र निश्चयं तु राष्ट्रपति: करोति। कार्यकाल: पञ्चवर्षाणि उत 65 वर्षाणि यावत्। एकवारं मुख्यसूचनायुक्त: जात: स: पुन: सूचनायुक्त: भवितुं नार्हति। सदस्य: पुनरेकवारं मुख्यसूचनायुक्त: भवितुमर्हति। मुख्यसूचनायुक्त: वर्तमाने राधाकृष्णमाथुर: इति।

राज्यसूचनायोग:-

अत्रापि एक: मुख्यसूचनायुक्त: अन्ये दश सदस्या: भवन्ति। अत्रापि समानयोग्यता भवेत्। मुख्यसूचनायुक्तस्य नियुक्तिं शपथं च राज्यपाल: कारयति। अत्रापि समिति: भवति। तत्र मुख्यमन्त्री, नेतृप्रतिपक्ष:, मन्त्रिसदस्य: (विधानसभाया:) अत्रापि त्रय: भवन्ति। अत्र चत्वार: सदस्या: सन्ति। राज्ये मुख्यायुक्त: 62 वर्षाणि अधिकानि उत पञ्च वर्षाणि, एकवारं जात: चेत् पुन: भवितुं नार्हति। 2005 तमे वर्षे राज्यसूचनाधिनियम: पारित:। अत्र छत्तीशगढ़े ए.के.विजयवर्गी आसीत्।

सर्वे मानवा: ज्ञातुमीहां स्थापयन्ति इति **अरस्तूवर्यस्य** कथनमासीत्।

यदि भवान् याचनां न करोति तर्हि न प्राप्नोति इति (If you donot ask you don't get) **महात्मगान्धिन:** उक्तवन्त:।

अत्र अधिकारा:

■ सर्वकारात् कामपि सूचनां कोऽपि जन: स्वीकर्तुं शक्नोति।

■ कोऽपि केषाञ्चन अपि सर्वकारीयपत्राणां स्वीकरणं कर्तुं शक्नोति।

■ आन्तरिकसुरक्षासम्बद्धान् विषयान् विहाय सर्वविषयान् ज्ञातुं शक्नोति प्रत्येकं नागरिक:।

सर्वकारीयसर्वविभागेभ्य: सूचना: स्वीकर्तुं शक्यन्ते किन्तु ता: संस्था: सर्वकारीया: न भवेयु: इति ज्ञातव्यम्। सूचना: क: दास्यति ? तदर्थं प्रत्येकं विभागे जनसूचनाधिकारी सर्वकारेण स्थापितोऽस्ति। तस्य दायित्वं भवति, स: सर्वविधसूचनां भवद्विषयकं प्रेषयेत्। तत्र सूचनापत्रं डाकद्वारा दशरूप्यकाणां कार्डयोजनेन प्रेषयितुं शक्यते। तदर्जितशुल्कं भवति। प्रतिलिपिनिमित्तं रूप्यकद्वयं देयं भवति। यदि

कश्चन BPC परिवाराद् भवति चेत्तेन प्रति लिपिनिमित्तं धनं न देयं भवति। डिमांडड्राफ्टद्वारा धनं दातुं शक्यते। स्वयं साक्षाद् धनं प्रदाय, पोस्टल-ओडरद्वारापि धनं प्रदातुं शक्यते। सूचनायै समयसीमापि निर्धारितास्ति। विंशत्यां दिनेषु एव उत्तरं देयं भवति। स्वतन्त्रताया: सन्दर्भे जीवनसन्दर्भे सूचना याचिता तर्हि केवलं अष्टचत्वारिंशति होरासु प्रदेयम्। कारणपृच्छां कर्तुं न शक्नोति। आर.टी.आई. अर्जिस्वीकर्तुम् अधिकारिनिवारणं कर्तुं न शक्नोति। आवेदनस्य अपरत्र प्रेषणस्याधिकार: भवति। यदि सूचनाया: उत्तरं न आयाति। पुन: भवान् त्रिंशति दिनेषु निवेदनं सूचनाधिकारिणं प्रति करिष्यति तत्र अनुरोधस्य त्रिंशति दिनेषु तेन उत्तरं देयं भवति। तत्र भवता पक्ष: स्थापनीय: भवति। प्रथमनिवेदनेन यदि भवान् सन्तुष्ट: नास्ति तर्हि पीडित: केन्द्रराज्यस्तरे 90 दिनेषु पुन: अनुरोधं कर्तुं प्रभवति। तत: परं प्रतीक्षा करणीया भविष्यति। अधिकारी भवत्पक्षं स्वीकरिष्यति तदनु निर्णय: भविष्यति। प्रथमानुरोध: त्रिंशति दिवसेषु किमपि शुल्कम् आवेदनपत्रप्रदानं च न भवति। प्रथमानुरोधस्य निर्णयात् परं नवत्यां दिवसेषु अनुरोध: करणीय:। तत्र द्वितीयानुरोधे राज्यसूचनायोग: केन्द्रसूचनायोगश्च विषयं श्रोष्यति। तेन पूर्णसन्तोषप्रदसूचना प्राप्तुं शक्यते।

अयमधिकार: प्रत्येकं मानवस्योपरि अत्याचारावरोधक: भवितुमर्हतीति।

उपसंहार: - सूचनाधिकारशिक्षाया: आवश्यकता आधुनिकपरिप्रेक्ष्ये वर्तत एव। यत: जना: सर्वविधम् उत्कर्षं निष्कर्षं वास्तविकतां यथास्थिति च सूचनाधिकारशिक्षया अभिज्ञातुं शक्नुवन्ति। तदर्थम् उचितमार्गेण कार्यकरणाय प्रेरणम् अवसरश्च भवति। मनस: कोऽपि किमपि कर्तुं न प्रभविष्यति। साम्प्रतं जनानां स्वभावोऽपि ज्ञानपरकोऽस्ति। सर्वेऽपि जना: सूचनां ज्ञातुमिच्छन्ति अत: निष्कर्षरूपेण कथयितुं शक्यते यत् इयं शिक्षा सर्वेषामपि कृते उपकारिणी योग्या च वर्तत इति।

मानवाधिकारसंरक्षणे जनसंचारमाध्यम: -

यदा कस्यचिदुद्देश्यस्य सम्पूर्तये एकस्मात् स्थानात् बहुविशालजनसमुदायं यावत् सन्देशं सम्प्रेषयाम: तदा स: जनसंचार: भवितुं शक्नोति. जनसंचाराय यन्त्राणाम् मृदुमुद्रणस्य वा आवश्यकता भवति। जनसंचारस्यानेकानि क्षेत्राणि भवितुमर्हन्ति। यथा - पत्रकारिता-विज्ञापनं-जनसम्पर्कश्च।   पत्रकारितायां समाचार-सूचनाज्ञानविचारसमीक्षात्मककटिप्पणीभि: सह शब्दध्वनिचित्राणां माध्यमेन जनान् प्रति

सम्प्रेषणमेव पत्रकारिता वर्तते। पत्रकारिता ज्ञानमभिवर्धयति।

विज्ञापनम् - विपणनसंचारस्य स्वरूपमस्ति। येन माध्यमेन कस्यचिद् उत्पादनस्य, सेवाया: संघटनस्य व्यक्ते: हितानां च संवर्धनाय जना: सम्प्रेषयन्ते। येन ते तदुत्पादस्य सेवाया: वा उपयोगं कुर्यु:।

जनसम्पर्क: - कस्याश्चित् संस्थाया: व्यक्ते: वा सम्बद्धसूचनानां प्रसारेण प्रचारेण वा जनान् प्रति सकारात्मकभावानां समुत्पादनमेव। एवञ्च संस्थाया: उत्तमस्वरूपनिर्माणं जनसम्पर्कस्य प्रमुखं कार्यं वर्तते। जनेषु गत्वा संस्थाविषयस्य वर्णनाय।

चलचित्रम् - एकत्र चलच्चित्रेण मनोरञ्जनं विधीयतेऽपरत्र जनानां शिक्षाया: कार्यं समाजजागरणदायित्वं च परिभाष्यते। दिशाप्रदम् चापि कार्यं क्रियते।

मुद्रितजनसंचारमाध्यम:- तत्र समाचारपत्रम्, पत्रिका, भित्तिफलकम्, अन्यमुद्रितसामग्र्य:, मुद्रितपत्रं पठित्वा सम्पूर्णराज्ये सम्पर्क: जायते।

विद्युत्तीयजनसंचार: (इलेक्ट्रॉनिकमीडिया)

आकाशवाणी - श्रव्यमाध्यमम्।

दूरदर्शनम् - दृश्यश्रव्यमाध्यमम्।

चलचित्रम् - दृश्यश्रव्यमाध्यमम्।

शिक्षा-दहेजप्रथा-जीवनशैली- नवमाध्यम: जनसंचारमाध्यमेन वर्तते। एतत् इन्टरनेटमाध्यमेन जायते। ई-समाचारपत्रम्- फैसबुक-ईमेल-ट्यूटर-यूट्यूब इत्यादिमाध्यमै: वयं जनान् मानवाधिकारसन्दर्भे सम्प्रेरयितुं शक्नुम:।

एभि: माध्यमै: शिक्षाया:, आर्थिकस्थिते: भौगोलिकस्थिते: च विषये सम्पूर्णदेशस्य मानवान् जागरूकान् कर्तुं प्रभवाम:। अत: जनसंचारमाध्यमानि जनान् परिष्कर्तुम् अधिकारान् प्रति जागरूकान् कर्तुं महत्त्वपूर्णानि साधनानि वर्तन्ते। दूरवाण्या सूचनाया: अधिकारादिभि: साधनै: मानवस्य सर्वविधसंरक्षणं भवितुमर्हति।

कुत्रापि एकत्र दुर्व्यवहार: जायते चेद् जनसंचारमाध्यमेन सम्पूर्णदेशस्य जना: तान् दुर्व्यवहारान् अवगन्तुं शक्नुवन्ति। तज्ज्ञात्वा तस्य दण्डनं कारितुं शक्नुवन्ति इत्यादय: अनेकेऽवसरा: भवन्ति। इति।

जनसञ्चारशब्दे शब्दद्वयमस्ति जनानां संचार: जनसंचार: अत्र संचारशब्द: चरधातो: निष्पन्नोऽस्ति अस्यार्थो भवति चलनम् इति। कृषि-उद्योग-व्यापार- जनसेवायां लोकरुचेश्च विस्ताराय परिष्काराय लोकसम्पर्कस्य आवश्यकता भवति।

प्राचीनकाले जनसम्पर्काय येषां साधनानामुपयोग: जायते स्म तानि साधनानि साम्प्रतं तया उपयुक्तानि न सन्ति इदानीं तेषां साधनानामुपयोग: तथा प्रमाणेन क्रियते स्म। पूर्वं सर्वं गुप्तरचव्यवस्थाया: उपरि शिलाखण्डै: प्रस्तरखण्डै: भोजपत्रै: एव जनसंचार: भवति स्म। विक्रमादित्य-अशोक-हर्षवर्धनादिराजानां काले शिलालेखा: एव संचारस्य प्रमुखसाधनानि आसन्। लोकसम्पर्कस्य महत्त्वं प्रतिपादयन् 1787 तमे वर्षे अमेरिकाराष्ट्रपति: टामस जेफर्सन: अकथयत् यत् अस्माकं सत्ताया: आधार: लोकमतमस्ति. अत: अस्माकं प्रथमतं स्यात् लोकमतं सम्यक् स्यात्। यदि मम मतं कोऽपि पृच्छेत् यत् 'अहं समाचारपत्रै: विहीनं सर्वकारम् ईह' अथवा सर्वकारात् रहितानि समाचारपत्राणि पठितुमिच्छामि ? तर्हि अहं नि:सङ्कोचं उत्तरिस्यामि यत् शासनसत्ताया: रहितसमाचारपत्राणां प्रकाशनमहं स्वीकरोमि, परन्तु अहम् एषिष्यामि यत् समाचारपत्राणि प्रत्येकं व्यक्ते: पार्श्वे गच्छेयु: ते च पठने समर्था: भवेयु:। यत्र समाचारपत्राणि स्वतन्त्राणि सन्ति, सर्वे च पठन्ति तत्र सुरक्षितम्' इति। भारते लोकसम्पर्कदृष्ट्या समाचारपत्राणां प्रथमप्रकाशनं सन् 1780 तमे वर्षेऽभूत् 29 जनवरी 1780 तमे वर्षे भारतस्य प्रथमपत्रं 'बङ्गालबजट' इति प्रकाशितम्। तदनु क्रमिकप्रकाशनप्रक्रिया देशे प्रावर्तत इति। 15 अगस्त 1947 तमे वर्षे स्वातन्त्र्यात् परं देशस्य विशालनगरेभ्य: समाचारपत्राणां प्रकाशनं समारब्धम्। संविधाननिर्माणात् भाषणाभिव्यक्तिस्वतन्त्रतासिद्धान्त: अभ्यमन्यत। जनसंचारमाध्यमस्य प्रयोगेण समग्रदेशे मानवाधिकारस्य संरक्षणं कर्तुं शक्यते यत: अनेन शीघ्रतया सम्पूर्णदेशे विद्यमानजनान् संजागर्य्य प्रेरयितुं शक्नुम: इति।

षष्ठोऽध्यायः

राष्ट्रियबालाधिकारसंरक्षणायोगः- **NCPCR**
(नेशनल कमीशन फॉर प्रोटेक्शन ऑफ चाइल्ड राइट्स)

समाजेऽस्मिन् बालाः हि पुष्पसदृशाः भवन्ति। बालानां वर्धनं संरक्षणं पोषणं च यावदधिकं योग्यं तावदधिकस्य समर्थस्य संवर्धितस्य च समाजस्य निर्माणं भवति। बालाः यावन्तः विकसिताः ज्ञानसम्पन्नाः निष्ठावन्तः नैतिकाश्च भवन्ति तावान् एव समाजः सुसम्पन्नः भवति। येन बालानां सम्यक् विकासः संरक्षणं च स्यात् तदर्थं बालसंरक्षणायोगः परिघटितः। स च यथा-

बालाधिकारसंरक्षणायोगः सार्वभौमिकता-बालाधिकारपवित्रता-सिद्धान्तं प्रति अवधानं करोति। साम्प्रतं बालाश्रमसमस्या राष्ट्रं प्रति रणावाहनमस्ति। तन्निवारणार्थं सततं श्रमस्य आवश्यकता वर्त्तते। तदर्थं (1979) एकोनशीत्युत्तरनवदशशततमे वर्षे बालश्रमसमस्यानामध्ययनाय भारतसर्वकारेण गुरुपदस्वामिसमितिः परिघटिता। समित्या निष्कर्षः प्रदत्तः, निर्धनतायाः समासिं विना बालश्रमनिवृत्तिः कठिना असाध्या च। समित्याः अनुशंसाधारेण बालश्रमाधिनियमः 1986 (प्रतिषेधः विनियमनम्) निर्मितः। अनेन नियमेन निर्मितबालश्रमतकनीकिपरामर्शदातृसमित्याः अनुशंसायां कष्टकरकार्याणां प्रक्रियाणां च सूची उत्तरोत्तरं प्रवर्धमाना आसीत्। तदर्थं विविधानि संवैधानिकप्रावधानानि जातानि, तानि-

अनुच्छेदः- 21 (क) शिक्षायाः अधिकारः (राज्यविध्याधारेण 6-14 आयुषः वर्गाणां बालानां निःशुल्का अनिवार्या शिक्षा।)

अनुच्छेदः- 23 मनुष्यस्य अवैधव्यापारः अपारिश्रमिककार्यं च प्रतिबन्धिते।

अनुच्छेदः- 24 कार्यस्थलेषु बालानां नियोजने प्रतिबन्धः। विशिष्य चतुर्दशवर्षाणि।

अनुच्छेदः- 39 (ङ, च) नीतिनिदेशकतत्त्वेषु निश्चितं यत् बालानां स्वतन्त्रतायाः सम्मानस्य वा हननं तु न जायेत। बालानां कृते संरक्षणप्रदानाय अनेकानि प्रावधानानि

भारतसर्वकारेण विलिखितानि सन्ति येषां प्रावधानानां माध्यमेन बाला: समाजे संरक्षिता: सुरक्षिताश्च भवितुमर्हन्ति। तानि च यथा –

बालसम्बद्धानि प्रमुखप्राविधिकप्रावधानानि-

- बालश्रमिकबन्धकाधिनियम: 1933-(बाला: श्रमिकरूपेण बन्धका: कर्तुं न शक्यन्ते।)
- कारखानाधिनियम: 1948 (15 वर्षपर्यन्तं बालानां कार्यस्थले नियोजनप्रतिबन्ध:)
- बगानश्रमिकाधिनियम: 1951 (14 पर्यन्तं बाला: बागवाटिकासु नियोजयितुमशक्या:)
- खननाधिनियम: 1952 (उत्खननादिकार्येषु अष्टादशवर्षीयाणां बालानां नियोजने प्रतिषेध:)
- मोटरपरिवहनाधिनियम: 1961 (चतुर्दशवर्षपर्यन्तं बाला: वाहनानि न चालयेयु:)
- बीडीसिगारकारागाराधिनियम: 1966 (चतुर्दशवर्षदेशीया: बाला: मादकपदार्थान् न खादेयु:)
- विहारदुकानप्रतिष्ठानाधिनियम: 1954 (2007 तमे संशोधने आपणेषु प्रतिष्ठाने चतुर्दशवर्षदेशीयानां बालानां नियोजने प्रतिबन्ध:)
- बालश्रमाधिनियम: (प्रतिषेधविनियमनम्) 1986
  बालानां समस्यागम्भीरतादृश्या अयमधिनियम: सुतरां महत्त्वपूर्ण:। गृहेषु कार्य, विविधस्थलेषु कार्य, मनोरञ्जनादिस्थलेषु कार्य, चतुर्दशवर्षदेशीया: न कुर्यु: इति।
- किशोरन्यायाधिनियम: 2000 (बालानां संरक्षणं सुरक्षा) बालानां पीडनेन मासषट्कं कारावास:, वर्षत्रयस्य च कारावास:।
- बालानामधिकारे संयुक्तराष्ट्रसम्मेलनम् 1989

अनुच्छेद:- 32 इत्याधारेण बालानां शिक्षा-स्वास्थ्य-शारीरिक-बौद्धिक-नैतिकसामाजिकविकासाय हानिकारकविषयेषु प्रतिबन्ध: इत्यादिभि: अनुच्छेदै: अधिनियमै: च बालानां परिरक्षणाय तेषां श्रमनिवारणस्योपरि अवधानं प्रदत्तमस्ति।

एतै: विविधै: प्रभावै: सप्ताशीत्युत्तरनवदशशततमे वर्षे बालश्रमे राष्ट्रियनीति: निश्चिता। अत्र प्रथमत: कठिनकार्येषु प्रतिबन्ध: कार्यरतबालेषु श्रमिकाणां पुनर्वासे

क्रमबद्धरूपेण अवधानं च। अस्या: नीतेरन्तरङ्गत्वेन राष्ट्रियबालश्रमपरियोजना 1988 (NCLP) निर्मित्ता। या च नवसु बालश्रमप्रभावितजिलासु क्रियान्विता अभूत्।

मुख्यं लक्ष्यन्तु 2007 तमवर्षपर्यन्तं देशे बालश्रमस्य पूर्णरूपेण समासि: स्यादिति अयं प्रयास: उत्तरोत्तरं प्रवर्धमान: भवेत्। एवञ्च बाला: आर्थिकशोषणेन परिरक्षणीया:।

देशस्य नीतिसम्बद्धेषु सर्वेषु बालेषु तात्कालिकताया: स्तर: अवज्ञेय:। आयोगस्य लक्ष्यं 0-18 वर्षपर्यन्तं सर्वेषां समानरूपेण संरक्षणं वर्त्तते। आयोगस्य दृष्टौ बालानां समेऽपि अधिकारा: समाना: वर्त्तन्ते।

आयोगस्य दायित्वानि-

बालसंरक्षणायोगस्य अनेकानि पवित्राणि दायित्वानि वर्तन्ते। येषां दायित्वानां परिपालनं सर्वदा आयोगेन क्रियते। तेषां पालनेन बालानां वास्तविकतया अधिकारसंरक्षणं भवति। तानि दायित्वान्यत्र क्रमेण विचार्यन्ते।

शारीरिकदण्डप्रतिबन्धाधिनियमस्य अन्तर्गतत्वेन आयोगदायित्वानि-

1. बालानाम् अधिकारसंरक्षणाय परामर्श:, परिशीलनं, निरीक्षणं, प्रभाविकार्यान्वयनाय केन्द्रसर्वकाराय परामर्शप्रदानम्।

2. आतङ्कवाद-साम्प्रदायिकता-हिंसा-प्राकृतिकापदा-गृहहिंसा-क्षयरोग-तस्करण-दुर्व्यवहार-यातना-शोषण-वेश्यावृत्त्यादिभि: अश्लीलसाहित्येन च बालानां प्रसन्नताया: न्यूनता जायते चेत् तेषां कृते उपचारात्मकोपायानां परिबोधनम्।

3. संकटग्रस्त-वञ्चित-दिग्भ्रान्त-परिवाररहित-कारागारस्थित-बालानां सम्बद्धविषयाणां विचार: उपचारात्मकपरामर्शश्च।

4. समाजस्य विविधवर्गे बालाधिकारसाक्षरताया: प्रयास: बालानां कृते सुरक्षावसरश्च।

5. बालपरिष्कारगृहाणां विविधबालसंस्थानां च निरीक्षणम्।

6. बालाधिकारोल्लङ्घनस्य निरीक्षणं स्वतसंज्ञानस्वीकरणं च, **यत्र**-

*   बालानां अधिकाराणामुल्लङ्घनमुपेक्षा च। यत्र बालविकास:, संरक्षणं विधिक्रियान्वयनं बालकल्याणं, नीतिनिर्णय:, दिशानिर्देशाश्च न पाल्यन्ते।

*   यत्र एतादृशा: विषया: पूर्णप्राधिकरण उत्थापिता:।

- बालाधिकारसम्बद्धनीतीनाम् अन्ताराष्ट्रियसंधीनाम् अन्ताराष्ट्रियोपकरणानाम् आवधिकसमीक्षाया: विद्यमाननीतीनाम् अध्ययनं प्रभाविक्रियान्वयनाय परामर्शश्च ।
- बालाधिकारसम्बद्धसूचनानामेकत्रीकरणं तत्प्रचारश्च ।
- सर्वकारीयविभागेषु संस्थासु विद्यालयेषु बालानां विचारस्य सम्मानं तत्प्रति गम्भीरतया प्रचारश्च ।

आयोगस्य संरचना-

आयोगस्य संरचना समाजे वैशिष्ट्य-परिपालनदृष्ट्या महत्त्वपूर्णा भवति । येन निष्पक्षरूपेण समाजस्थबालानां परिपालनं संरक्षणं भवेत् तदर्थम् इमे सदस्या: भवन्ति ते च -

- केन्द्रसर्वकारेण निम्नसदस्या: वर्षक्रमाय नियुज्यन्ते- अध्यक्ष:, य: बालकल्याणप्रवर्धनाय उत्कृष्टकार्यम् अकरोत् ।
- षट् अन्यसदस्या: ये शिक्षा-बालस्वास्थ्य-बालकल्याण-विकास-बालन्यायो-पेक्षितबालापंगबाल-परित्यक्तबालरक्षण-बालश्रमोन्मूलन-बालमनोविज्ञान-बालविधि: इत्यादिषु क्षेत्रेषु कार्यम् अकुर्वन् ।
- सदस्य: सचिव:, य: संयुक्तसचिवस्तरस्य समकक्ष: भवेदिति ।

आयोगस्य शक्तय:-

बालायोगे अनेका: शक्तय: भवन्ति । यासां प्रसारणेन समाजे बालहननरीति: विनष्टा भविष्यति । ता: शक्तय: -

आयोगस्य पार्श्वे नागरिकन्यायालयस्य सर्वशक्तय: वर्त्तन्ते-

क. देशस्य प्रत्येकं व्यक्तये आयोगस्य पुरत: आगन्तुम् आदेशप्रदानम्, क्रियान्वयनं, शपथग्रहणं, परीक्षणं च ।

ख. विविधप्रपत्राणामन्वेषणं प्रस्तुति: आदेशश्च ।

ग. शपथपत्रे साक्ष्यप्राप्ति: ।

घ. कस्यचित् न्यायालयस्य कार्यालयस्य सार्वजनिकप्रपत्राणां च प्राप्ति: ।

ङ. प्रपत्राणां साक्ष्याणां परिशीलनम् आयोगघटनं च ।

अभियाचिकाप्रणाली

- आयोगस्य पार्श्वे पीडितोऽपि विषयं प्रापयितुं शक्नोति, गम्भीरतया बालाधिकाराणामुल्लङ्घने स्वत: अपि संज्ञानं स्वीकरोति ।

- कयापि भाषया अभियाचिका (अनुसूच्यां 8) कर्तुं शक्या।
- अभियाचिकां स्थापयितुं शुल्कं किमपि नास्ति।
- अभियाचिकायां पूर्णविवरणं प्रदत्तं स्यात्।
- अन्यविषयान् अपि आयोग: प्रष्टुं शक्नोति।
- विषय: आयोगस्य क्षेत्राधिकारात् बहि: न स्यात्।

बालश्रमोन्मूलनाय न्यायपालिका-

बालाधिकाराणां क्षेत्रे स्थानीयसमुदायेन सह कार्यपालिका न्यायपालिका च मिलित्वा कार्यं कर्तुं प्रभवत:।

बन्धुआ-मजदूरी-प्रथोन्मूलनाधिनियम: 1976 (पारिवारिकजनै: पूर्वं धनं स्वीकृतं तदाधारेण बालेन श्रम: कार्यते, तर्हि न कर्तुं शक्यते)

- शारीरिकदण्डप्रतिबन्ध: 2000 तमे वर्षे सर्वोच्चन्यायालयेन शारीरिकदण्डस्योपरि प्रतिबन्ध: विहित:।
- अनुबन्धितश्रमाधिनियम: 1970 (नियमनम् उन्मूलनम्) श्रमप्रबन्धकसिद्धान्त: प्रतिनियुक्तिश्रम: च।

ते सर्वेऽपि बाला: वर्त्तन्ते ये अष्टादशभ्य: न्यूनवर्षदेशीया: वर्त्तन्ते तेषामभिभावकानां प्राथमिकदायित्वं वर्त्तते यत् ते बालानां पोषणविकासदृष्ट्या अवधानं कुर्यु:। एवञ्च राज्यं बालानाम् अधिकाराणां विकासे अवधानं कुर्यात्।

समाजे बालस्यापि महत्त्वपूर्णा प्रतिष्ठा स्यादिति साम्प्रतं महत्त्वपूर्णाङ्गत्वेन प्रतीयते। बालोऽपि अवगच्छेत् यत् द्विचत्वारिंशत्तमेऽनुच्छेदे लिखितं वर्त्तेऽहमपि स्वीयानाम् अधिकाराणां विषये विधिवत् जानीयामिति। बाल: चिन्तयेत् अहं बालत्वधारणाय अधिकारं प्राप्तवान् अस्मि, तत्र बाधकं नास्ति यत् अहं कुत: अस्मि,? मम मातापितरौ कौ,? अहं कुत्र तिष्ठामि,? अहं बाल: बालिका वा,? मम संस्कृति: का,? अहं निर्धन: धनवान् वा? इत्यादिसर्वप्रकारेण मया सह भेदभाव: भवितुं नार्हतीति। (अनु.2)।

अहं स्वविचारान् स्वतन्त्ररूपेण अभिव्यञ्जयितुं शक्नोमि, यान् जना: गम्भीरतया स्वीकुर्यु:। प्रत्येकं व्यक्ते: दायित्वमपि अस्ति ते गभीरतया इतरस्य विचारान् शृणुयु: इति अनुच्छेद:- 12-13।

अष्टाविंशतितमेऽनुच्छेदे ज्ञापितम् अस्ति बालेभ्य: दोषान् कर्तुमधिकार: प्रदत्त: यत: दोषेभ्य: शिक्षणं प्राप्तुम् अवसरो भवति। त्रयोविंशेऽनुच्छेदे बालस्य सामर्थ्यम् अल्पं चेदपि तस्मै अधिकार: तु देय: एव। एवं रूपेण बालस्य ज्ञानं जायेत। तस्मै विविधप्रकारका: स्वातन्त्र्यावसरा: प्राप्ता: सन्ति । अभिभावकानामपि परिज्ञानं स्यात्।

बालशिक्षाया: विकास:-

त्रयोविंशे अष्टाविंशे नवविंशे चानुच्छेदे बालानां शिक्षाप्राप्तयेऽधिकार: वर्त्तते। तथा च सर्वेऽपि तान् पठनाय प्रेरयेयु:। चतुर्विंशेऽनुच्छेदे बालस्य स्वास्थ्य-सम्बद्धाधिकार: वर्त्तते। अन्ये तदर्थं तस्मै औषधादीनामुचितव्यवस्थां कारयेयु:। तत्र पूर्णोदरभोजनं कर्तुमपि तेषामधिकारोऽस्ति। तेषां कोऽपि हननं कर्तुं न प्रभवति। यदि केनापि क्रियते तर्हि स: दण्डित: भवति। नवविंशेऽनुच्छेदे पर्यावरणरक्षणस्य दायित्वं वर्त्तते। स: बाल: पर्यावरणप्रदूषणं न कुर्यात् । एवं च स्वास्थ्यलाभपूर्वकं जीवनं यापयेत्। एकत्रिंशत्तमेऽनुच्छेदे बालस्य क्रीडाया: विश्रान्तेश्चाधिकार: वर्त्तते। स: मुक्तया कार्याणि कुर्यादेवं च विश्रान्तिमपि स्वीकुर्यादिति।

निष्कर्षरूपेण समाजवाटिकाया: सुन्दराणि पुष्पाणि बाला: वर्त्तन्ते। तेषां संरक्षणेन सुशिक्षणेन संवर्धनेन चैव समाजस्य उत्कर्ष: वर्धनं च भवितुमर्हति अत: समाजस्य प्रत्येकं जनस्य पावनदायित्वमस्ति एतेषां पुष्पाणां संवर्धनं संपोषणं च कुर्यु:। येन उच्चमानसिकसम्पन्नस्य दिव्यस्य समाजस्य समुत्पत्ति: जायेत। या च भारतं पुनरेकवारं विश्वगुरुरूपेण प्रतिष्ठापितुं महत्त्वपूर्णभूमिकां निर्वहेत् इति।

बालानाम् अधिकारा:-

बालानामधिकाराणां संरक्षणाय राष्ट्रियायोग:, राज्यायोग:, न्यायालयश्च कार्यं कुर्वन्ति एव। 1990 तमे वर्षे भारते जाते संयुक्तराष्ट्रसंघस्य शिखरसम्मेलने बालानां रक्षणस्य संरक्षणस्य विकासस्य वा सन्दर्भे काचित् घोषणा विहिता। तस्या: घोषणाया: अङ्गीकार: भारतेन 1992 तमस्य वर्षस्य दिसम्बरमासस्य 11 दिनांके बालाधिकारसम्बद्धाभिसमय: स्वीकृत:। अयम् एक: अन्ताराष्ट्रियसन्धि: वर्त्तते। य: हस्ताक्षरकर्तृणां कृतेऽनिवार्य: वर्त्तते। अभिसमये परिगणितबालानाम् अधिकाराणां संरक्षणं सर्वेषां कर्त्तव्यम् अस्ति। भारते सर्वकारेण 2003 तमे वर्षे राष्ट्रियबालकाधिपत्रम् अङ्गीकृतम्। 2002 तमे वर्षे संयुक्तराष्ट्रसंघस्य महासभाया: विशेषसत्रे बालकेभ्य: उपयुक्तविश्वम् इति विषय: स्वीकृत:। सामान्यरूपेण बालै: प्राप्ताधिकाराणाम् एव

परिपालनं जायेत चेदपि बहुविधपरिष्कार: समाजे भवितुमर्हतीति ज्ञायते एव, यत्
जना: बालाश्रिता: बालाश्च समाजाश्रिता: इति। परस्परम् अन्योन्याश्रयसम्बद्धो वर्तते।
अत: बालानां प्रमुखा: अधिकारा: विचार्यन्ते।

बालानाम् अधिकारा:

- नागरिक-राजनैतिक-सामाजिकार्थिक-सांस्कृतिकाधिकारा: बालेभ्य: प्रदत्ता:
  वर्त्तन्ते।

- UNCRC द्वारा–चतुर्षु अन्तर्भूता वर्त्तते–

1. सम्यक् जीवनरक्षायै।
2. अधिकारसंरक्षणाय।
3. सम्यक् सहभागितायै।
4. विकासस्याधिकार:।

1. जीवनरक्षायै–

- जन्मस्वीकरणस्याधिकार: ।
- भोजनाश्रयवस्त्र–न्यूनतममानकानाम् अधिकार: ।
- गरिम्ण: जीवनाधिकार:।
- सुरक्षितजल–पौष्टिकभोजन–स्वच्छसुरक्षितवातावरणानामधिकार:।
- स्वास्थ्यपूर्णनिरीक्षणम्।

2. अधिकारसंरक्षणाय–

- सर्वप्रकारहिंसया संरक्षणस्याधिकार:।
- शारीरिकयौनशोषणसुरक्षा।
- मादकौषधेभ्य: सुरक्षा।

3. सम्यक् सहभागितायै–

- सम्यक् परामर्शाय अधिकार:।
- अभिव्यक्तिस्वतन्त्रतायै।
- संघस्य स्वतन्त्रतायै।
- सूचनाया: अधिकार:, निर्णये सहभागितायाः अधिकार:।

4. विकासाधिकार:–

- शिक्षाया: अधिकार:।

- ज्ञातुमधिकार:।

■विश्रान्ते: क्रीडाया: अधिकार:।

■विकासस्य सर्वरूपाणामधिकार:। यथा- भावात्मक-शारीरिक-मानसिकरूपेण।

बालानां एतेषाम् अधिकाराणां सर्वैरपि संरक्षणं प्रकर्त्तव्यम्। तदर्थं तत्कार्येषु विविधायोगा: संघटनानि कार्याणि कुर्वन्ति। समाजस्य अङ्गरूपेण प्रत्येकं शिक्षकस्य दायित्वं सुमहत्त्वपूर्णं भवति।

मानवाधिकारक्षेत्रे स्वयंसेविसंस्था:-

मानवाधिकारस्य संरक्षणाय देशे विदेशे च अनेका: संस्था: स्वस्तरे स्वयंसेविरूपेण कार्यं कुर्वन्ति। परन्तु तासां संस्थानामत्र किञ्चिदिव विवरणं बालानां हितदृष्ट्या क्रियते। यच्च महनीयमस्ति। भारते केन्द्रीयमानवाधिकारसङ्घटनं (गैरसंवैधानिक 2010 मध्ये स्थापितम्। गैरराजनैतिककेन्द्रीयमानवाधिकार: (समाचारपत्रं गैरधार्मिकसंघटनम्) HR टीवी अत्र केवलं मानवाधिकार: चर्चयिष्यते। अधिकाधिकजना: मानवाधिकारं प्रति जागरूका: स्यु:।

विदेशेषु – एनमेस्टी इन्टरनेशनल 1961 लन्दन। ह्यूमन राइट वाच 1978 न्यूयार्क।

अन्ताराष्ट्रियश्रमसङ्घ: (ILO) (International Labour Organisation) –

अन्ताराष्ट्रियस्तरे कर्मकाराणां श्रमिकाणां च हितानाम् अधिकाराणां च रक्षायै नियमं निर्मांति। इयं संयुक्तराष्ट्रस्य विशिष्टसंस्था अस्ति। 1969 तमे वर्षेऽनेन विश्वशान्तये 'नोबेलपुरस्कार:' प्राप्त:। इयं संस्था संयुक्तराष्ट्रसङ्घे स्थिता वर्तते। अत्र 187 देशा: सदस्या: सन्ति।

विश्वस्वास्थ्यसंघटनम् (WHO) (World Health Oraganisation)–

विश्वस्य देशानां स्वास्थ्यसम्बद्धसमस्या: परस्परं सहयोगेन निवारयितुं मानकविकासनसंस्था वर्तते। विश्वस्वास्थ्यसंघटने 193 सदस्या: सन्ति। अस्या: संस्थापनं 7 अप्रैल 1948 तमे अभूत्। मुख्यालय: स्विटरलैण्डदेशस्य जेनेवानगरे वर्तते। भारते अस्य मुख्यालय: राजधान्यां देहल्यां वर्तते।

क्राई (Cry) –

Rippan kapur. Child Rights (Child Rights and you) एवञ्च You logo of cry इति द्वारा स्वर्गीयरिपनकपूरेण 1979 तमे वर्षे बालानामधिकारदापनाय असर्वकारीयसङ्घटनै: सह बालानां प्रसन्नता-स्वास्थ्य-रचनात्मकबाल्यकालादीनां निश्चयार्थं साक्षाद्वार्तालाप: विधीयते। क्राईद्वारा सर्वश्रेणीबालानां विकासाय यथा-

राष्ट्रियता-जीवन-स्वास्थ्य-पोषण-शिक्षावकाश-मनोरञ्जन-शोषण-दुर्व्यवहार-सुरक्षादीनां विकासाय कार्यं विधीयते।

एशियन सेन्टर फॉर ह्यूमन राइट्स (ANHR) (Asian Centre for Human Rights)

इदम् असर्वकारीयसङ्घटनं वर्तते। एतत् एशियामध्ये मानवाधिकाराणां मौलिकस्वतन्त्रताया: संवर्धनाय संरक्षणाय च कार्यं कुरुते। अस्य मुख्यालय: भारते देहल्यां वर्तते। मानवाधिकाराणां निमित्तं एशियनकेन्द्रं यथासमयं सत्यसूचनां प्रदातुमीहते। देशस्य स्थितीनां व्यक्तिगतविषयाणां परीक्षणं अनुसन्धानाभिधानं च आयोजयति। अस्योद्देश्यं मानवाधिकारकार्यकर्तृणां नागरिकसमाजसमूहानां प्रभावस्य वर्धनम्। एतत् मानवाधिकारमानवप्रारूपप्रक्रियायां समज्ञनं करोति एवं च राजनैतिकविधिक-व्यावहारिकपरामर्शादि प्रददाति। एतत् अन्ताराष्ट्रिय-विकासाधिकाराधारित- दृष्टिकोणमाध्यमेन सांस्कृतिक-सामाजिकार्थिकाधिकारान् रक्षयति। एतत् केन्द्रं भारत-श्रीलङ्का-बङ्गलादेश-नेपाल-फिलीपींस-अफगानिस्तान-भूटान-मालदीप-पाकिस्तान-थाईलैंडादिदेशेषु विशेषावधानं करोति। मानवाधिकारसम्बद्ध-प्रमाणपत्राणि डिप्लोमा-उपाधि: अधोलिखित-विद्यालयेषु विश्वविद्यालयेषु च उपलभ्यते –

भारतीयमानवाधिकारसंस्थानम्, नई दिल्ली – एतत् तु वास्तविकञ्चेत् सर्वकारीयं संस्थानं वर्तते। यच्च सर्वदा मानवाधिकारसंरक्षणाय कार्यं कुरुते। अस्य चर्चा यथाप्रसङ्गं कृता वर्तते।

इंदिरागांधिराष्ट्रियमुक्तविश्वविद्यालय:, नई दिल्ली – अयं विश्वविद्यालय: अनुसूचितजनजाति-अनुसूचिताभ्यार्थिनां कृते नि:शुल्कानुसङ्गिकरूपेण विषयाध्यापनाय प्रयतते। यत्र मानवाधिकारविषयोऽपि अन्तर्भूतो भवति।

जामियामिल्तिया-इस्लामिया, नई दिल्ली – अस्मिन् विश्वविद्यालये 'मानवाधिकार: कर्त्तव्यशिक्षा च' इति विषयाधारेण मानवाधिकारस्य अध्यापनं स्नातकोत्तरस्तरे जायमानं वर्तते।

एस.एन.डी.टी.महिलाविश्वविद्यालय:, मुम्बई – **श्रीमती नाथीबाई-दामोदरठाकरसेमहिलाविश्वविद्यालय: मुम्बई**– अस्मिन् विश्वविद्यालये मानवाधिकारविषयेऽध्यापनं जायते। अन्येषु अनेकेषु विश्वविद्यालयेषु मानवाधिकारशिक्षाविषये सततम् अवधानं जायमानं वर्तते तेषु केचन–

राष्ट्रियभारतीयदिविविश्वविद्यालयः बैंगलुरुः, मुम्बई-विश्वविद्यालयः मुम्बई, नागपुरविश्वविद्यालयः नागपुरम्, बनारसहिन्दुविश्वविद्यालयः वाराणसी, मैसूरविश्वविद्यालयः मैसूरम्, देवी-अहिल्याबाई विश्वविद्यालयः इन्दौरम् ।

उपर्युक्तविश्वविद्यालयाः मानवाधिकारशिक्षां प्रदातुं तत्तत्स्तरे प्रयत्नरताः अवलोक्यन्ते । एवमेव काश्चन संस्थाः सन्ति याः कार्यं विदधति यथा –

संस्थाः – एतासां संस्थानां यथावश्यकम् अस्मिन् पुस्तके किञ्चित्प्रमाणेनाल्पचर्चा विहिता । तेनैव अधिकज्ञानाय छात्रैः स्वीयं योगदानं कुर्वद्भिः अन्तर्जालतः विषयः अन्वेष्टव्यः । यतः विपुलमात्रायां तत्तत्स्थलेषु असौ लभ्यते एव ।

- राष्ट्रियमानवाधिकारायोगः ।
- राज्यमानवाधिकारायोगः (28) ।
- नेशनल एण्ड स्टेट कमीशन ऑफ चिल्ड्रेन ।
- राष्ट्रियबालाधिकारसंरक्षणायोगः (NCPCR) ।
- लेबर वेलफेयर (श्रमिककल्याणम्) ।
- यूनाइटेड नेशंस डेवलपमेंट प्रोग्राम ।
- संयुक्तराष्ट्रविकासकार्यक्रमः ।
- यूनाइटेड नेशंस ह्यूमन राइट्स कमीशन ।
- संयुक्तराष्ट्रमानवाधिकारायोगः (UNCHR) ।
- एमेनस्टी इन्टरनेशनल ।
- एशियन सेन्टर फॉर ह्यूमन राइट्स ।
- डॉक्यूमेंटेशन सेन्टर ।
- रेडक्रॉस ।
- क्राई (Cry)
- संयुक्तराष्ट्रमानवाधिकारपरिषद् (UNHRC) (United Nations Rights Council) ।
- मानवाधिकारप्रशासनिकसंस्थानम्, नई दिल्ली (Human Rights Administrative Institution) ।
- (OHCHR)
- (ए.एफ.एस.पी.ए.) ।

- ◆ संयुक्तराष्ट्रशरणार्थी उच्चायुक्त:
- ◆ पोटा (पी ओ टी ए) Prevention of terrorism ACT.
- ◆ जनजातीयासामाजिकगतिविधिनिवारणाधिनियम: (PASA)
- ◆ नस्ली-भेदभावोन्मूलनम् (CERD)
- ◆ HRC - Current membership of the human Rights council by regional groups

लैंगिकसमानतामहिलासशक्तीकरणाय संयुक्तराष्ट्रसंघेन 2 जुलाई 2010 तमे वर्षे यू.एन. वूमेन वा यू.एन. कम्पोजिट एंटिटि फॉर जेंडर इन्वेलिटी एण्ड एम्पॉवारमेन्ट ऑफ वूमेन विरइन यू एन इत्यस्या: संस्थाया: परिघटनम्। अनया संस्थया कार्यस्य समारम्भ: 1 जनवरी 2011 तमे वर्षे कृतम्। चिलीदेशस्य पूर्वराष्ट्रपति: मिशेलवचेलेटवर्या यूएनवूमेनसंस्थाया: प्रथमा प्रमुखा आसीत्। अस्यां संस्थायां कार्य कुर्वत्य: संयुक्तराष्ट्रसंघस्य चतस्र: संस्था: विलीना:। ता: यूएन डवलेपमेंट फंड फॉर वूमेन, डिवीजन फॉर एडवांसमेंट ऑफ वूमेन, द ऑफिस ऑफ द स्पेशल एडवाइजर ऑन जेंडर इशूज, द यूएन इन्टरनेशनल रिसर्च एंड ट्रेनिंग इंस्टीट्यूट फॉर द एडवांसमेंट ऑफ वूमेन। अनया लिङ्गसमानता-भेदभावस्य समासि: कृता।

इमनेस्टी इण्टरनेशनलसंस्था -

इयमेकान्ताराष्ट्रियस्वयंसेविसंस्था वर्तते। इयं मानवानां मूल्य-स्वतन्त्रताभेदभावान् विना-शोधादिविषये मानवानामधिकारविरुद्धप्रतिरोधनाय च सततं प्रयतते। 1961 तमे वर्षे ब्रिटेनमध्ये अस्या: स्थापनाभूत्। इयं मानवाधिकारसन्दर्भितविषये अभियानपुरस्सरं शोधं विधाय विश्वस्तरे सर्वेषामवधानाकर्षणं कुरुते। एवं कृत्वा सर्वकार-संस्थान-व्यक्तीनां निमन्त्रणाय प्रयतते। अनेन संस्थानेन 1977 तमे वर्षे 'शोषणविरुद्धम्' अभिमानं चालयित्वा नोबेलशान्तिपुरस्कार: सम्प्राप्त:। 1978 तमे वर्षे संयुक्तराष्ट्र सङ्घस्य मानवाधिकारपुरस्कारोऽपि लब्ध:। अस्य पश्चिमदेशान् प्रति विशेषाग्रह: इति जनप्रवाद:। अस्य मुख्यालय: लन्दने वर्तते।

ह्यूमन राइट्स् वाच (Human Rights Watch)

मानवाधिकारसम्बद्धानुसन्धानरूपेण अन्ताराष्ट्रियस्वयंसेविसंस्था वर्तते। इयम् अमेरिकाया: विशालम् अन्ताराष्ट्रियमानवाधिकारसङ्घटनं वर्तते। इदं विश्वस्य

पत्रकारितायाः ध्यानं मानवाधिकाराणामुल्लङ्घनं प्रति आकर्षति। अस्य मुख्यालयः न्यूयॉर्के वर्तते। अस्य लक्ष्यम् एकन्यायस्य ध्वनिनिर्माणम्।

श्रमिककल्याणम् -

अत्र हि श्रमाधिनियमः श्रमविधिः वा सः नियमः उच्यते। यत्र राज्येन निर्मितविधीनां कार्मिकाणाम् उद्योगप्रदातॄणां कर्मचारिसङ्घानां सर्वकारस्य च मध्यस्थसम्बद्धानां च परिभाषिकरणं विधीयते। श्रमिकाणां स्तरवर्धनाय विविधस्तरे सर्वविधकार्यस्य चिन्तनाय विविधाधिनियमाः समुत्पादिताः।

प्रमुखश्रमाधिनियमाः

- मजदूरीसंदायाधिनियमः 1936
- न्यूनतममजदूरी अधिनियमः 1948
- बोनससंदायाधिनियमः 1965
- समानपारिश्रमिकाधिनियमः 1976
- ठेकाश्रमाधिनियमः (विनियमनोन्मूलनम्) 1970
- बालश्रमाधिनियमः 1986
- औद्योगिकाद्योगाधिनियमः (स्थायि-आदेशः) 1946
- रेल्वेकर्मचारिनियमावलि: 2005 (कार्यदण्डाविश्रामावधिः)
- प्रसूतिलाभाधिनियमः 1961
- उपदायसंदायाधिनिमयः 1947
- अन्ताराष्ट्रियप्रवासिश्रमिकाधिनियमः 1979 (रोजगारसेवाशर्तविनियमनम्)
- भवनान्यनिर्माणश्रमिकाधिनिमयः 1996 (रोजगारसेवाशर्तविनियमनम्)
- श्रमकानूनाधिनियमः 1996 (कतिपयप्रतिष्ठानद्वारा पञ्जिकानां स्थापनस्य प्रस्तुतीकरणस्य च अवकाशः)।

संयुक्तराष्ट्रविकासकार्यक्रमः (UNDP) (यूनाइटेड नेशंस डेवलपमेन्ट प्रोग्राम)

अयं कार्यक्रमः संयुक्तराष्ट्रसङ्घस्य वैश्विकविकासकार्यक्रमः अस्ति। अयं निर्धनतायाः उन्मूलनस्य आधारभूतस्तम्भविकासस्य प्रजातान्त्रिकप्रशासनस्य च प्रोत्साहनाय कार्यं विदधाति। न्यूयॉर्के अस्य मुख्यालयो वर्तते। अस्य संस्थापना 1965 तमे वर्षे अभूत्।

भारतीयरेडक्रॉससमितिः (IRCS) –

भारते मानवजीवनस्य स्वास्थ्यस्य च रक्षायै इदमेकं स्वैच्छिकं मानवीयं संघटनमस्ति। इदम् अन्ताराष्ट्रियरेडक्रॉस-रेडक्रिसेंट-प्रक्रियायाः अङ्गमस्ति। अतः अन्ताराष्ट्रियमौलिकसिद्धान्तान् च ज्ञापयति। एतत् आपत्स्थितौ साहाय्यमाचरति। निर्बल-समुदायानां स्वास्थ्यसंरक्षणं करोति च। सम्पूर्णदेशे सप्तशतं शाखाः सन्ति। 1920 तः भारतीयरेडक्रॉससमितिः कार्यं विदधाति। अस्य मुख्यालयः नवदेहल्यां वर्तते। सररेडहिलवर्यः 3 मार्च 1920 तमे वर्षे भारतीयविधानपरिषदि विधेयकम् उपास्थापयत् यत् ब्रिटिशरेडतः क्रॉससोसाइटी इत्यस्य परिघटनाय आसीत् इति। तदैव 17 मार्च 1920 तमे वर्षे भारतीयरेडक्रॉससोसायटी-अधिनियमः 1920 जातः। आरम्भिकस्तरे 7 जून 1920 तमे वर्षे संयुक्तयुद्धसमितौ भारतीयशाखासदस्यानां पञ्चाशतः जनानाम् औपचारिकनामानि घोषितानि।

निष्कर्षरूपेण इमाः अनेकाः संस्थाः सततं समाजस्याधिकारसंरक्षणदृष्ट्या कार्यं विदधति। जनाः येन केनापि प्रकारेण एतासां संस्थानां माध्यमेन मानवानां संरक्षणं कर्तुं प्रभविष्यन्ति इति।

सप्तमोऽध्यायः

भारते मानवाधिकाराणां विकासे विविधाचार्याणां भूमिका

आधुनिके भारते समाजसुधारकाः अनेके जाताः सन्ति च। केचन राजनैतिकबलेन, अपरे शिक्षाबलेन, इतरे लेखप्रमाणेन, अन्ये विविधादोलनैः च समाजे विद्यमानकुरीतीनाम् अन्यायानां समापनाय प्रयतमानाः दृश्यन्ते। भारतीयाः सर्वदैव उत्कृष्टभावनया परोपकारभावनया वा कार्यं कुर्वते। किन्तु विविधैः वैदेशिकाक्रमणैः अस्य देशस्य गौरवपूर्णा परम्परा नाशिता। शिक्षापद्धतौ संस्कृतौ च परिवर्तनमासीत् योजनाबद्धरूपेण केचन एनं विषयमङ्गीकुर्वन्ति केचन च निवारयन्ति। परन्तु अत्र विचारपरः विषयः यत् वैदेशिकशिक्षाप्रभावः अस्ति एव। येन केचन कृत्रिमदोषाः केचन च जातिभेदभावगत-लिङ्गभेदभावगत-प्रदेशभेदभावगताः। एतेषां व्यापृतिः पूर्वमस्मद्देशे नासीत् किन्तु आधुनिकपरिष्कारस्य अवसरः वर्तते। तत्र सर्वैरपि मिलित्वा परिष्काराय प्रयत्नः कृतः क्रियमाणश्च वर्तते। परिणामा अपि शनैः शनैः सकारात्मकाः आयान्ति। तदर्थमुदाहरणरूपेण केषाञ्चनात्र वर्णनं क्रियते।

राजारामममोहनस्य योगदानम् -

मानवानां सहजाधिकाराणां परिरक्षणाय अनेकैः आचार्यैः प्रयत्नाः कृताः, आन्दोलनानि कृतानि च येन समाजे मानवाधिकाराणां हननं न जायेत। तदर्थं बंगालदेशे 22 मई 1772 तमे वर्षे **लब्धजन्मा राजारामममोहनरायः** भारतीयपुनर्जागरणस्याग्रदूतरूपेण प्रथितः। असौ आधुनिकभारतस्य जनकोऽपि उच्यते। भारतीयसामाजिक-धार्मिक-पुनर्जागरणक्षेत्रे तस्य विशिष्टं महत्त्वमस्ति। ब्रह्मसमाजस्य संस्थापकः भारतीयभाषायी-पत्रकारितायाः प्रवर्तकः जनजागरणस्य सामाजिकपरिष्कारान्दोलनस्य प्रणेता, बंगाले नवजागरणयुगस्य पितामहः आसीत्। सः भारतीयस्वतन्त्रतासंग्रामस्य पत्रकारितायाश्च कुशलसंयोगेन उभयक्षेत्राणि समप्रेरयत्। अस्य दूरदर्शितायाः वैचारिकतायाश्च अनेकानि उदाहरणानि विद्यन्ते। सः

रूढिवादकुरीतीनां विरोधी आसीत्, किन्तु संस्कारपरम्पराराष्ट्रगौरवाणि तेषां हृदयस्थानि आसन्। स: बंग्ला-संस्कृत-अरबी-भारतीयभाषा: वेत्ति स्म। 1803 तमात् वर्षात् 1814 तमवर्षं यावत् ईस्टइण्डियाकम्पनीनिमित्तं कार्यम् अकरोत्। पुनश्च उद्योगं त्यक्त्वा राष्ट्रसेवायै स्वीयं जीवनं संयोजितम्। एकत्र स: स्वतन्त्रतायै युद्धमान: आसीत्, अपरत्र देशे विद्यमानकुरीत्या अन्धविश्वासैरपि स: बालविवाह-सतीप्रथा-जातिवाद-कर्मकाण्डादिप्रथानां यथासम्भवं विरोधमकरोत्। अस्य द्वारकानाथटैगोर: प्रमुख: अनुयायी आसीत्। पत्रकारिताक्षेत्रेऽपि अयं ब्रह्ममैनिकलमैग्जीन, संवादकौमुदी, मिरात उल अखबार, बंगदूतानि च सम्पाद्य प्राकाशयत्। सामाजिकक्षेत्रे स: ब्रह्मसमाजस्य स्थापनया भिन्नभिन्न-धार्मिकसंस्थासु विभक्तां जनतामेकस्मिन् सूत्रे बद्धवान्। एष: 1829 तमे वर्षे सतीप्रथां भञ्जयितुं प्रायतत। स: ब्रह्मसमाजे धार्मिकरूढीनां सतीप्रथा-बालविवाह-जातितन्त्रञ्च समरोधयत्। एष: 1815 तमे वर्षे आत्मीयसभां समस्थापयत्। सर्वजातीया: महिला: समाजे स्वाधिकारान् संरक्ष्य आत्मसम्मानेन जीवेयु: इत्येतदर्थं देशे प्रयतमान: असौ सूर्य: 27 सितम्बर 1833 तमे वर्षे मृत्युमुपगत:। किन्तु अस्य कार्याणि कीर्तिं द्योतयन्ति अद्यापि जीवन्ति एव।

महात्मगान्धिनो योगदानम्-

मानवाधिकारसंरक्षणक्षेत्रे विशेषनामा वर्त्तते 2 अक्टूबर 1869 तमे वर्षे लब्धजन्मा मोहनदासकरमचन्दगान्धी इति। एष: भारतीयस्वतन्त्रतान्दोलनस्य प्रमुख: राजनैतिक: आध्यात्मिकश्च नेता चासीत्। सत्याग्रहमाध्यमेन, व्यापकसविनय-अवज्ञा, अत्याचारप्रतिकारस्याग्रणी आसीत्। अस्या: अवधारणाया: मूलम् अहिंसासिद्धान्त: आसीत्। 1915 तमे वर्षे राजवैद्यजीनरामकालिदास: रवीन्द्रनाथ टैगोरश्च महात्मा इति नाम्ना एनं समबोधयत्। यस्यार्थ: महान् आत्मा भवतीति। 6 जुलाई 1944 तमे वर्षे सुभाषचन्द्रबोस: रंगून-रेडियोमाध्यमेन एनं राष्ट्रपिता इति नाम्ना समबोधयत्। अयम् आधुनिकभारतस्य महान् जननायक:, राष्ट्रपरिवर्तक: नैतिकदार्शनिक: वर्त्तते। पोरबन्दरे लब्धजन्मा कर्मचन्द-पुतलीबाईवर्ययो: पुत्र: गोपालकृष्णगोखलेवर्यस्य राजनैतिकच्छात्र: आसीत्। भारते माध्यमिकशिक्षां समाप्य 1887 तमे वर्षे वाक्कीलशिक्षायै (वेलिस्ट) लन्दनम् अगच्छत्। 10-11 जून 1891 तमे वर्षे भारतं प्रत्यागत:। पुन: 1893 तमे वर्षे दक्षिणाफ्रिकां गतवान्। तत्र रङ्गभेदनीतिं दृष्ट्वा

अत्यन्तं विह्वल: अपमानितश्च। श्वेताश्वेतजना: आसन्। अश्वेतानां कृते सौविध्यं नासीत्। नेंसनमण्डेलावर्यस्य मार्गदर्शने आन्दोलनं प्राचलत्। तत्र महात्मगान्धिवर्य: अपि 22 अगस्त 1894 तमे वर्षे रङ्गभेदनीतिविरुद्धं ध्वनिं वर्धयन् (नेशनल इण्डिया कांग्रेस) इति अस्थापयत्। दक्षिणाफ्रिकायां प्रथमतया गान्धी सत्याग्रहस्य 1894 तमे वर्षे आरम्भं कृतवान्। 1917 तमे वर्षे चम्पारणे बिहारे सत्याग्रहस्य प्रयोगं कृतवान्। 1904 तमे वर्षे डटवनमध्ये फनिस्काश्रमं समस्थापयत्। 9 जनवरी 1915 तमे वर्षे भारतं प्रत्यागच्छति। 25 मई 1915 तमे वर्षे अहमदाबादे साबरमती-आश्रमस्य स्थापना कृता। तदा महात्मगान्धी आङ्ग्लेयानां सहयोगी भवति स्म। आङ्ग्लयै: 1918 तमे वर्षे रोलिटएक्ट पारितम्। 1919 तमे वर्षे जलियावालाकाण्डमध्ये नि:सहायजनानां मारणं कृतम्। तत: परं गान्धिवर्य: आङ्ग्लेयानां विरोधम् आरब्धवान्। 1920 तमे वर्षे असहयोगान्दोलनम् अकरोत्। अस्य पृष्ठभूमि:- 1920 मध्ये कोलकातानगरेऽधिवेशने सज्जा कृता। कांग्रेसवार्षिकाधिवेशनं नागपुरे तदैव जातम्। 5 फरवरी 1922 तमे वर्षे चौरा चौरी काण्ड पुलिसस्थानकं ज्वालितम्। तदा महात्मगान्धी सुतरां व्यथित:। असहयोगान्दोलने सत्याहिंसानीत्याधारेण इदम् आन्दोलनं समारब्धम्। जैनबौद्धदर्शनात् सत्याहिंसाम् अगृह्लात्। ब्रिटिशसर्वकारस्य दमनकारिनीतीनां पराजयार्थं गान्धिना चालित:। महात्मगान्धी 1924 काँग्रेसस्य कर्नाटकस्थे वेलगाँव-अधिवेशनेऽध्यक्ष: जात:। अत्र हिन्दीविषयेऽपि प्रस्तावा: पारिता:। सविनयावज्ञान्दोलनं 1930 तमे वर्षे समारभ्यते, 12मार्च 1930 तमे वर्षे 78 अनुयायिभि: सह नमकविधिं समतोटयत्। 1931 तमे वर्षे द्वितीयगोलमेजसम्मेलनमायोजितम्। गौलमेजसम्मेलनं भारतीयानां सामर्थ्यपरिज्ञानाय कृतम् आसीत्। द्वितीयगोलमेजसम्मेलने महात्मगान्धी तत्र स्वतन्त्राविषये स्वीयं विषयम् उपास्थापयत्। 1937 तमे वर्षे सर्वेषां कृते वर्धाशिक्षायोजनाया: समारम्भं कृतवान्। 15 अक्टूबर 1940 तमे व्यक्तिगतसत्याग्रहस्य समारम्भम् अकरोत्। तत्र विनोवाभावे प्रथमसत्याग्राही जात:। आइन्स्टीनवर्य: अकथयत् यत् अग्रिमजना: विश्वासं कर्तुं न प्रभविष्यन्ति यत् एतादृश: जन: उत्पन्न: इति। गान्धिवर्यस्य सासाहिकपत्राणि आसन् यै: स: जनान्दोलनं वर्धितवान्। अत्र इण्डियन-ओपिनियन-यंगइण्डिया-हरिजन-नवजीवन-हरिजनसेवादि-गान्धिवर्यस्य सासाहिकपत्राणि। गान्धिवर्यस्य रचना:-

1.   आत्मकथा (सत्य के साथ मेरा प्रयोग) गुजरातिभाषायाम् अस्ति।

2.   हिन्दस्वराज्य।

3.   स्वराज्य।

4.   सत्य ही ईश्वर है।

5.   सत्याग्रह।

6.   साम्प्रदायिक एकता इत्यादयः तेषां ग्रन्थाः आसन्। मानवाधिकाराय गान्धिवर्यः अनेकानि आन्दोलनानि अकरोत्। यतः जनस्वतन्त्रतायै बाहुल्येन आन्दोलनानि कृतानि।

चम्पारणकृषकान्दोलम्- इदमान्दोलनं कृषकाणां स्वातन्त्र्यप्रदानाय कृतम्। अत्र यूरोपियन-मिलस्वामिनः कृषकैः ''मिल की खेती'' इति कार्यन्ते स्म। 1916 तमे वर्षे राजकुमारशुक्लः गान्धिवर्येण सह मिलति तत्रत्यसमस्यां गान्धिवर्यं प्रति ज्ञापयति। राजकुमारशुक्लस्य कथनेन गान्धिवर्यः 10 अप्रैल 1917 तमे वर्षे तत्र प्राप्नोत् किन्तु सः कारावासं गतवान्। पुनः जनाक्रोशं दृष्ट्वा त्यक्तः। तीनकठियापद्धतिः समाप्ता। अनेके सहायकाः आसन्। तत्र डॉ.राजेन्द्रप्रसादः, एस.वी.कृपलानिवर्यः, श्रीकृष्णश्च आसन्। बलात् कृषकैः किमपि कारयितुं न शक्यते।

श्रमिकान्दोलनम्- द्वितीयान्दोलनं श्रमिकान्दोलनम् आसीत्। अहमदाबादः नवदशम्यां शताब्द्यां औद्योगिककेन्द्रं जायमानमासीत्। तदा 1917 तमे वर्षे प्लेगरोगः समारब्धः। संस्थाप्रमुखैः उक्तम्- प्लेगपरिलाभः प्रदास्यते। किन्तु तत्र दत्तम्। तेन श्रमिकैः आन्दोलनं कृतम्। श्रमिकाः अनुसूइया सारावर्यया मिलन्ति। सा गान्धिवर्येण मिलति। तत्र समाधानाय गान्धिवर्यः प्रायतत। किन्तु ते नाङ्गीकृतवन्तः संस्थाप्रमुखाः। तदा गान्धिवर्यः भूखहडताल इति कृतवान्। तत्र गान्धिवर्यः 35 प्रतिशतं परिलाभं दापयितुम् अशक्नोत्। तस्मिन् समये एव सः टेक्सटाइलएशोसियन इति समस्थापयत् अस्य मुख्यलक्ष्यं श्रमिकेषु जागृतेः आनयनमासीत्।

खेड़ान्दोलनम्- गुजरातमध्ये वर्त्तते। शस्यनाशकारणेन लघु-कृषकाः बहुकष्टं प्राप्नुवन्। तत्र वरइया-नामकजातेः पुरस्तात् बहुकष्टं जातम्। मार्च 1918 तमे वर्षे नेतृत्वं कृतवान्। जून 1918 मध्ये सर्वकारेण परिलाभः प्रदत्तः। पुनः रोलेटएक्ट-माध्यमेन अखिलभारतीयस्वीयं परिचयम् अस्थापयत्। सिडवीरोलेट सेडीमनकमेटी 1948 तमे वर्षे अस्याः ब्रिटिशपार्लियामेण्टद्वारा फरवरी 1914 तमे वर्षे क्रान्तिकारिभ्यः

अत्यन्तं दण्डात्मकमासीत्। एतत् गान्धिवर्य: **कालाकानून** इति संज्ञां कृतवान्। 6 अप्रैल 1919 तमे वर्षे अखिलभारतीयसत्याग्रहस्य समारम्भ: जात:। 10 अप्रैल 1919 तमे वर्षे डॉ.सत्यपाल: डॉ.किचलु: च गृहीतौ आरक्षकै:। 13 अप्रैल 1919 तमे वर्षे जलियावालाबागमध्ये शान्तिपूर्णरूपेणोपवेशनमासीत्। तत्र जनरलडायलद्वारा गोलिकाचालनं कारितम्। एतत् जलियावालाबागहत्याकाण्डरूपेण अभिमन्यते। अस्य निरीक्षणाय हण्टरसमिति: निर्मिता।

16 अप्रैल 1919 तमे वर्षेऽयं सत्याग्रह: स्थगित:। वर्षत्रयात्परम् अयं रोलेटविधि: समाप्त:।

असहयोगान्दोलनम्- असहयोगान्दोलनस्य विशेषे कलकत्ताधिवेशने एव आरब्धम्, नागपुरे वार्षिकाधिवेशने पारितम्। अत्र खिलापत-रोलेटएक्ट-जलियावालाबाग- स्वराजादय: विषया: मुख्या: आसन्। अस्मिन् अधिवेशने कार्यक्रमद्वये विषय: प्रावर्तयत्। अत्र विरोधात्मकरचनात्मककार्याणि चासन्।

विरोधात्मककार्याणि- पदानां त्याग:, सर्वकारीयसंस्थाभ्य: बालानां नामकर्तनम्, विदेशिवस्तूनां बहिष्कारश्च।

रचनात्मककार्याणि- न्यायालयस्य स्थाने पञ्चस्य न्याय:, विद्यालयानां महाविद्यालयानां संस्थापनम्। जामिया-काशीविश्वविद्यालयानां समारम्भ:। खादीचरखाकार्यक्रमस्य वर्धनं प्रचारश्च।

5 फरवरी 1922 तमे वर्षे गौरखपुरे **चौराचोरीकाण्डं** जातम्। 12 फरवरी 1922 तमे वर्षे बारदौलीमध्ये एतदान्दोलनं प्रतिस्वीकृतम्। एवञ्च गान्धिवर्य: कारागारे स्थापित:। 1924 तमे वर्षे गान्धिवर्य: त्यक्त:। सर्वदलीया समिति: गठिता। तया संविधानविषये चर्चा जाता। पुनश्च **सविनयावज्ञान्दोलने** बाला: महिलाश्च भागम् अगृह्णन्। अनेन आन्दोलनेन लार्ड-इरविन-पुरस्तात् जनवरी 1930 तमे वर्षे 11सूत्रीयाचना कृता। लॉर्ड-इरविनवर्य: एनां याचनां नाङ्गीकृतवान्। तदा महात्मगान्धिवर्य: अकथयत्- यत् अहं पादयो: पतित्वा रोटिकां याचितवान् किन्तु प्रतिमाया पाषणखण्डा: प्राप्ता:। अत्र पुन: आन्दोलनं जातम्। नमकविधित्रोटनं, विदेशिवस्त्राणां परित्याग:, विद्यालयत्याग:, मदिरालयानां पुरस्तात् महिलाभि: आन्दोलनम्।

12 मार्च 1930 तमे वर्षे गान्धिवर्य: **दाण्ढीयात्रां** समारभते। 6 अप्रैल 1930 तमे वर्षे नमकविधिं त्रोटयति। महात्मगान्धिवर्य-लॉर्डहरविनमध्ये सन्धि: जायते,

तदनुरोधेन स्थगित:। गोलमेजपक्षसम्मेलने द्वितीये सेटजेम्ससम्मेलने भागार्थ गान्धिवर्य: गच्छति। एतत्सफलं न जातम्।

भारतत्यागान्दोलनम्- 1942 तमे वर्षे प्रथमतया जातम्। एतन्नेतृत्वहीनमासीत्। द्वितीयविश्वयुद्धं जातम्। कांग्रेस-सर्वकाराय नीतिनिर्धारणं न जातम्। 8 अगस्त 1942 तमे मुम्बर्यां सम्मेलनं जातम्। तत्र 30 निमेषान् गान्धिवर्य: भाषते- भारतीयसमस्याया: समाधानं आङ्ग्लेयानां भारतत्यागेन एव भविष्यति। तदा गान्धिवर्य: निग्रहीत:। स च आगारकामहलकारावासे स्थापित:। अन्ये च कांग्रेससहयोगिन: अहमदनगरे स्थापिता:।

एवं रूपेण देशे गान्धिवर्येण अनेकानि आन्दोलनानि विहितानि येन मानवाधिकारस्य समूलसंरक्षणं जायेत इति।

अम्बेडकरवर्यस्य योगदानम्-

14 अप्रैल 1891 तमे वर्षे लब्धजन्मा भीमराव-अम्बेडकर: लोकप्रिय:, विधिवेत्ता, अर्थशास्त्री, राजनीतिज्ञ:, समाजसुधारकश्चासीत्। स: दलितबौद्धान्दोलनम् अपालयत्। इदम् आन्दोलनं वर्णाश्रमव्यवस्थायां सर्वाधिकाध: सोपाने स्थितानां जनानां सामाजिकस्थिते: परिवर्तनाय मानवाधिकारप्रदानाय च विंशतितम्यां शताब्द्यां भारतीयनेता आन्दोलनम् अचालयत्। तस्य चिन्तनमासीत् हिन्दुधर्मे स्थित्वा दलितानां पूर्णविकास: न सम्भवति। तै: तादृशविचारधाराया: धर्मस्य वाङ्गीकार: करणीय: यत्र स्वातन्त्र्यं, समानता, बन्धुत्वं, शिक्षा च समानरूपेण भवेत्। बौद्धशिक्षया सम्प्रेरित: सन् 14 अक्टूबर 1956 तमे वर्षे बौद्धधर्म स्व्यकरोत्। स: स्वसमर्थकान् द्वाविंशते: बौद्धप्रतिज्ञानाम् अनुसरणाय समप्रेरयत्। स: श्रमिक-कृषक-महिलानामधिकारसमर्थनाय प्रयतितवान्। स: स्वतन्त्रभारतस्य प्रथम: न्यायमन्त्री, भारतीयसंविधानस्य जनक:, भारतगणराज्यस्य निर्माता चासीत्। अम्बेडकर: मेधावी आसीत्। स: कोलंबियाविश्वविद्यालयात् लन्दनस्कूल ऑफ इकोनॉमिक्सविश्वविद्यालयात् च अर्थशास्त्रे विद्यावारिधि: इति उपाधिं प्राप्नोत्। एवञ्च विधिशास्त्रार्थशास्त्र-राजनीति-विज्ञानशास्त्रेषु च शोधकार्यम् अकरोत्। व्यावसायिकजीवने आरम्भिककाले स अर्थशास्त्रस्य आचार्य: (प्रोफेसर) आसीत् एवञ्च न्यायालयेऽपि वाक्कीलस्याभ्यासम् अकरोत्। परन्तु अनन्तरं जीवनं सम्पूर्ण राजनैतिकगतिविधिषु एव गतम्। तदा भीमराव: भारतस्य स्वतन्त्रतायै

राजनीतिकाधिकारेभ्य: दलितेभ्य: सामाजिकस्वतन्त्रतायै भारतनिर्माणाय च महत्त्वपूर्णं योगदानम् अकरोत्। मरणोपरान्तं 1990 तमे वर्षे भारतरत्नमपि प्राप्नोत्। अम्बेडकर: अकथयत् यत् अस्पृशता परतन्त्रात: अपि उपरि वर्त्तते। महाराजगायकबाड़वर्याय सैन्यसचिवरूपेण कार्यमपि अकरोत्। परन्तु तत्रापि जातिगतभेदभावकारणेन किञ्चित् काले एव उद्योग: त्यक्त:। तदनु स: वर्धमानपरिवारं दृष्ट्वा जीविकासाधनम् अन्वेष्टुं प्रयत्नमकरोत्। येन स: लेखाकाररूपेण निजीशिक्षकरूपेण च कार्यम् अकरोत्। एकनिवेशपरामर्शव्यवसायस्य स्थापनाम् अकरोत्। किन्तु इमे सर्वेऽपि प्रयत्ना: असफला: जाता: यदा ग्राहकै: ज्ञातं यत् एष: अस्पृश्य: वर्त्तते इति। मुम्बईनगरे सिडेनहम कॉलेज ऑफ कॉमर्स एण्ड इकोनॉमिक्स इति महाविद्यालये स: राजनीतिशास्त्रस्य अर्थशास्त्रस्य च आचार्य: आसीत्। छात्रै: साकं स: सफल: आसीत् चेदपि आचार्यै: पात्रसमञ्जनं नैव कृतम्।

भारतसर्वकाराधिनियम: 1919 इत्यत्र साउथबरो-समिते: समक्षं स: प्रमुख: विद्वान् भूत्वा साक्ष्यं दातुम् आयात:। अत्र सम्मेलने स: दलिताय, अन्यधार्मिकसमुदायेभ्य: पृथक् निर्वाचिकायै आरक्षणाय च न्यवेदयत्। मुम्बईनगरे स: मूकनामकं साप्ताहिकं प्राकाशयत्। स: अस्य प्रयोगं रूढिवादिपरम्पराया: ध्वंसनाय कृतवान्। 20 जुलाई 1924 तमे वर्षे दलितास्पृश्यजनानां सामाजिकोन्नतये सामाजिकान्दोलननिर्माणाय बहिष्कृतहितकारिणिसभा स्थापिता। अतिपीडितानां कष्टनिवृत्तये अनया सभया प्रयत्न: विहित:। अस्योद्देश्यं शिक्षासामाजिकार्थिकपरिष्कारश्चासीत्। 1925 तमे वर्षे बम्बईप्रेसीडेंसीसमितौ सर्वयूरोपीयसदस्ययुक्तसाइमनकमीशने कार्याय नियुक्त: स:। द्वितीय-आंग्लमराठायुद्धे (कोरेगाँवयुद्धे) मृतानां भारतीयसैनिकानां सम्मानाय 1 जनवरी 1927 तमे वर्षे कोरेगाँवविजयस्मारके एक: समारोह: आयोजित:। कोरेगाँवदलितस्वाभिमानस्य प्रतीकरूपेण वर्त्तते।

1927 तमे वर्षे अम्बेडकर: स्पृश्यताविरुद्धं थापकसक्रियान्दोलनं कर्तु चित: स: स्पृश्यानां हिन्दुमन्दिराणां प्रवेशाधिकारदानाय संघर्षम् अकरोत्। अम्बेडकर: सार्वजनिकरूपेण मनुस्मृते: निन्दनं कृतवान्। अनन्तरं तस्य अनुयायिन: 25 दिसम्बर 1927 तमे वर्षे मनुस्मृतीनां प्रतिलिपी: अज्वालयन्। मनुस्मृते:ज्वालनस्य पृष्ठे जनानाम् अदूरदृष्टि: अल्पज्ञानं च आसीत्। यत: तस्मिन् काले अपठितजना: मनुस्मृतिं दूषयन्ति

स्म। अयम् अम्बेडकर: तु संस्कृतपक्षधर: आसीत् किन्तु जनान्दोलनं वर्धयितुं मनुस्मृते: ज्वलनम् अकरोत्। मनुस्मृते: गूढतत्त्वानां ज्ञानाभावे एवं जायते । किन्तु वास्तविकं तु अन्यदेव। समाजे सामरस्यं स्थापयितुम् एव आन्दोलनानि आवश्यकानि परन्तु नीरक्षीरविवेकाय एतादृशग्रन्थानाम् अवलोकनस्य आवश्यकता अस्ति। यत: एकेन कथं पक्षेण पूर्णसमीक्षा शक्या इति। दलितेषु 25 दिसम्बरमास: मनुस्मृतिदहनदिवस: आम्नायते। 2 मार्च 1930 तमे वर्षे अम्बेडकर: कालामन्दिरसत्याग्रहं प्रावर्तयत् । इदम् अस्पृश्यानां मन्दिरप्रवेशाय प्रावर्त्ते नासिकस्थकालामन्दिरे अयं सत्याग्रह: जात:। अम्बेडकरस्य अनुयायिन: सत्यमार्गेणैव स्वीयाधिकारान् प्राप्तुं प्रायतन्त। किन्तु अहिंसया एव कार्यं कृतवन्त:। अम्बेडकर: एव 20 मार्च 1927 तमे वर्षे महाडसत्याग्रहं (चवदारतालाबसत्याग्रहम् उत महाडस्य मुक्तिसंग्राम्) कृतवान् महाडस्थाने सरोवरात् समानरूपेण जलग्रहणदायित्वं सर्वेषाम् इति। अस्मिन् आन्दोलने अनेके दलिता: सम्मिलिता:। अन्ते अम्बेडकर: जित:। सर्वादौ जलं पीतवान् अन्येभ्य: दलितेभ्य: जलं पातुमधिकारं दापितवान्। अयं महान् प्रभाविसत्याग्रह: आसीत्। अयं दिवस: एव भारते सामाजिकसशक्तिकरणदिवसत्वेन आम्नायते। नासिकस्थकालामन्दिरप्रवेशनिमितं बहु प्रयतितं चेदपि साफल्यं न लब्धम्। तदा अम्बेडकर: बौद्धधर्मं स्व्यकरोत्। एवं कृत्वा अनेकानि वर्षाणि समाजे अस्पृश्य-दुर्बलतां प्रतिष्ठापयितुं सततं प्रयत्न: कृत:। अम्बेडकर:बाबासाहबनाम्ना अपि इदानीं समाजे ख्याप्यते। य: सततं समाजकल्याणाय प्रयत्नमेव कृतवान् इति।

एवम्भूता: अन्येऽपि केचन अत्यन्तम् उदारा: आचार्या: शनै: शनै: समाजपरिपालनदृष्ट्या विकासदृष्ट्या च कार्यं विदधत: अस्य समाजस्य वर्धनं कृतवन्त:। कुरीतय: कुप्रथा: च आसन् एव अत: एव परिष्कारचित्रमायातम्। साम्प्रतमपि केचन तथाकथितजना: समाजाय जीवनम् अर्पयन्ति। तत्र अस्माभि: दृष्टि: सारणीया। येन सकारात्मकचिन्तनप्रवृत्ति: समाजे भविष्यति। सत्यं कदापि पराजितं न भवति इति सर्वेषां समान: अनुभव:। किन्तु सत्ये विलम्ब: अवलोक्यते। तत्र अवधानं विना वास्तविकरूपेण अस्मद्देशसंस्कृते: संरक्षणभावनया संस्कृतं प्रयत्नपूर्वकं स्वस्तरे स्वपरिकरस्तरे स्वपरिचितस्तरे च विचारक्रान्ति: करणीया इति भाति। एवमेव सर्वेऽपि शनै: शनै: मानसिकतां विकासयन्ति तर्हि अवश्यं सम्पूर्णभारतस्य चिन्तनपरिवर्तनं भविष्यतीति।

अष्टमोऽध्यायः

संस्थानां पूर्णनामानि वर्षं च

मानवाधिकारसंरक्षणदृष्ट्या देशे अनेकाः संस्थाः कार्यं कुर्वन्ति तासां सर्वासां संस्थानां विस्तृतज्ञानम् अन्तर्जालमाध्यमेन छात्रैः कर्तुं शक्यते इति विचिन्त्य कासाञ्चन संस्थानामत्र नामानि उल्लिखितानि तानि यथा –

- मानवाधिकारसार्वजनिकघोषणापत्रम् (UDHR) (1948) Universal Declaration of Human Rights.
- संयुक्तराष्ट्रमानवाधिकारपरिषद् (UNHRC) (1946-47) United Nations Human Rights Council.
- राष्ट्रियमानवाधिकारायोगः (NHRC) National Human Rights Commission (12 अक्टूबर 1993) केन्द्रम् – नई दिल्ली
- मानवाधिकारसंरक्षणाधिनियमः (The Protection of Human Rights Act 1993) (28 सितम्बर 1993) (2006 संशोधितम्) (अत्र 8 अध्यायाः, 43 धाराः सन्ति) (08 जनवरी 1994 अनुमोदितम्)
- राष्ट्रियबालाधिकारसंरक्षणायोगः (NCPCR) National Commission for Protection of child Rghts)
- संयुक्तराष्ट्रसङ्घः (U.N.O.) United Naions ऑर्गेनाइजेशन (24 अक्टूबर 1945)
- अटलांटिकचार्टर Atlantic charter (14 अगस्त 1941)
- संयुक्तराष्ट्राधिकारपत्रम् (U.N.C.) United nations charter एकं सन्धिपत्रमस्ति। (26 जून 1945) अत्र एकविंशतिः अध्यायाः सन्ति।
- संयुक्तराष्ट्रन्यासपरिषद् (UNTC) United Nations Trousteeship Council
- महासभा (United Nations General Assembly)
- सुरक्षापरिषद् United Nations Security Council (UNSC)।
- अन्ताराष्ट्रियन्यायालयः (International Court of Justice) (ICJ)।

- सचिवालय: United Nations Secretatat (UNS) ।
- आर्थिकसामाजिकपरिषद् (1945) (ECOSOC) (UNESCX) (United Nations Economic and Social Council) ।
- राष्ट्रियबालाधिकारसंरक्षणायोग: (NCPCR) (National commission for protection of child Rights ।
- बालकल्याणसमिति: (CWC) ।
- राष्ट्रियग्रामीणरोजगारगारन्टी–अधिनियम: (2005) NREGA (उद्योगस्य सार्वभौमिकाश्वासनं प्रदीयते) ।
- विश्वविद्यालयानुदानयोग: (U.G.C.) यूनिवर्सिटी ग्रान्ट्स कमीशन ।
- राष्ट्रियानुसन्धानं प्रशिक्षणपरिषद् च (NCERT) नेशनल काउंसिल फॉर एजूकेशन, रिसर्च एण्ड ट्रेनिंग ।
- राष्ट्रियतकनीकी–शिक्षापरिषद् (NCTE) नेशनल काउंसिल फॉर टेक्निकल एजूकेशन् ।
- वियना घोषणा एवं कार्ययोजना (UDPA) वियना डिक्लेरेशन एण्ड प्रोग्राम ऑफ एक्शन ।
- अन्ताराष्ट्रियप्रमायोग: (I.L.O) इण्टरनेशनल लेवर ऑरगेनाइजेशन ।
- संयुक्तराष्ट्रियमानवीयपर्यावरणघोषणापत्रम् (1972) यू.एन.डिक्लेरेशन ऑफ ह्यूमन इनवायमेन्ट ।
- संयुक्तराष्ट्रविकासकार्यक्रम: (UNDP) यूनाइटेड नेशन्स डबलेपमेन्ट प्रोग्राम
- कम्बोडियायां समान्तरकालीन–अन्तरिमशासकान्विति: (UNTAC) (यूनाइटेड नेशन्स ट्रांजिशनल एथॉरिटी इन कम्बोडिया) ।
- अमरीकीराज्यसंघटनम् (OAS) ऑर्गानाइजेशन ऑफ अमेरिकन स्टेट्स ।
- आफ्रीकी एकतासंघटनम् (O.A.O) ऑर्गानाइजेशन ऑफ आफ्रीकन यूनिटी ।
- अणुशक्तिसङ्घटनम् (AEA) (एटॉमिक एनर्जी एजेंसी) ।
- विश्वव्यापारसङ्घटनम् (WTO) वर्ल्ड ट्रेड ऑर्गानाइजेशन ।
- भारतीयकानूनायोग: (ICC) इण्डियन लॉ कमीशन ।
- मादकपदार्थ–औषधिक–मनोविकृतिकारकपदार्थ: (NDPS) नैरकौटिक्स, ड्रग्स सायकोट्रॉनिक सब्सटन्सेस ।

- राष्ट्रियमानसिकस्वास्थ्यनाडीविज्ञानसंस्थानम् (NIMHANS) नेशनल इन्स्ट्रीट्यूट् ऑफ मेण्टल हेल्थ एण्ड न्यूरो साइंस।
- अनैतिकव्यापाररोकथामकानून (AITPA) इम्पाटल ट्रैफिक प्रिवेन्शन एक्ट। एतासां सामान्यपरिचयेन छात्रा: विशिष्टपरिचयं स्वीयप्रतिभाबलेन कर्तुं प्रभविष्यन्ति इति।

मानवाधिकारसम्बद्धपारिभाषिकशब्दा:

मानवाधिकारस्योपयोगाय केचन तादृशा: शब्दा: छात्राणां हितकामनया संगृह्यन्ते येषां माध्यमेन सामान्यविषयान् छात्रा: अवगन्तुं शक्नुयु: एवञ्च अस्मिन् विषये प्रवृत्ता: भवितुमर्हन्ति। प्रत्येकं जिज्ञासुना छात्रेण सर्वादौ इमे पारिभाषिकशब्दा: ज्ञेया: ते च यथा-

अभिसमय: (Convention) - प्राचीनकालात् प्रवर्तमानप्रथाया: नियमस्य वा स्थिते: मूले स्थिता सहमति: यस्या: अनुमननम् अनिवार्य स्यात्। यथा -कला-काव्यम्, संविधानसम्बन्धाभिसमय:। राष्ट्रद्वये परस्परं जायमानयुद्धस्य स्थगनोद्देश्येन कृतं समञ्जनं, यस्य पालनम् उभयो: कृते अनिवार्य स: अभिसमय:।

राजलेख: (Charter) -चार्टर (चार्टा) शब्दात् निर्गत: शब्द: यस्यार्थ: कर्गद:, तदुपरि लिखितवस्तु वर्तते। शिलालेखा: अपि राजलेखस्य उदाहरणानि आसन् प्राचीनकाले-भोजपत्रम्, तालपत्रम्, ताम्रपत्रम्,।

अर्थसङ्कल्प: (बजट)- धनस्य (राजस्वस्य) आयव्ययो: सूची अर्थसङ्कल्पपत्ररूपेण उच्यते।

विधेयक: - (बिल) विधेयकशब्दस्य प्रयोग: (संसदा पारितविधे:) सन्दर्भे क्रियते। यदा संसदि विधानसभायां कश्चन प्रस्ताव: क्रियते तदा स: विधेयक: उच्यते। सर्वसम्मत्या स्वीकृते: परं स: विधेयक: अधिनियम: भवति।

अधिनियम: - अधिनियम: केन्द्रे संसदा राज्ये विधानसभया पारितं विधानम् अधिनियम: कथ्यते।

अध्यादेश: (Ordinances) - ओरडीनेन्स-अध्यादेश: स: विधि: उच्यते य: भारतीय-केन्द्रीयमन्त्रिमण्डलस्य परामर्शेन भारतस्य राष्ट्रपतिना प्रख्याप्यते। अयं विधि: संसदि अनुपस्थाय अपि प्रतिस्थापयितुं शक्यते। किन्तु यदा संसद: सत्रम् अधिवेशनं च न प्रवर्तते।

विधि: - (कानून) - विधि: काचित् नियमसंहिता उच्यते । विधि: प्राय: सम्यक् प्रकारेण लिखितसंसूचकानां (इन्स्ट्रक्सन्स) सूचकरूपेण भवति । समाजस्योत्तमरीत्या संचालनाय विधि: आवश्यक: ।

संयुक्तराष्ट्राधिकारपत्रम् (United Nations charter) - यूनाईटेड नेशन्स चार्टर - पञ्चाशत: देशानां हस्ताक्षरेण संयुक्तराष्ट्रं स्थापितम् । प्राय: इदं संविधानं मन्यते । किन्तु अयमेक: सन्धि: वर्तते । हस्ताक्षराणि 26 जून 1945 तमे वर्षे जातानि । परं संयुक्तराष्ट्रं वास्तविकरूपेण 24 अक्टूबर 1945 तमे वर्षे संस्थापितम् । यत्र पञ्च मुख्यसंस्थापकदेशा: - (चीनगणराज्यम्, फ्रांस:, संयुक्तराज्यम्, यूनाईटेड किंगडम एवञ्च सोवियतसंघ:)

घोषणापत्रम् (Manifsto) - मेनीफेस्टो - सार्वजनिकरूपेण स्वसिद्धान्तानाम् ईप्सानां (नीति: स्वभावश्च) प्रकटनं घोषणापत्रम् उच्यते । अस्य स्वरूपं प्राय: राजनीतिकं भवति किन्तु जीवनस्य अन्यक्षेत्रसम्बद्धमपि भवितुमर्हति ।

विधिशासनम् (Rule of law) - विधि: सर्वोपरि वर्तते तथा च सर्वेषु समानरूपेण क्रियान्वितो भवति ।

संयुक्तराष्ट्रोच्चायुक्तमानवाधिकारकार्यालय: （ONHR） - （Office of the united Nations high commissioner for Human rights） अयं संयुक्तराष्ट्रयस्य सचिवालयस्य कश्चन विभाग: । य: मानवाधिकारवर्धनाय रक्षायै च कार्यं करोति, येषां निश्चय: अन्ताराष्ट्रियविधिरित्यस्य अन्तर्गतत्वेन भवति । कार्यालयस्य स्थापना संयुक्तराष्ट्र सङ्घस्य महासभया 20 दिसम्बर 1993 तमे वर्षे मानवाधिकारविश्वसम्मेलने कृता ।

प्रसंविदा (Covenant) - सर्वसामान्यैतिहासिकार्थे प्रसंविदाशब्दस्यार्थ: कस्यचिन्निर्धारितकार्यस्य सम्पादनासम्पादनप्रक्रियया वर्तते । आङ्ग्लसामान्यविधौ संविदाशब्दात् अयं शब्द: भिन्न:, यत: अत्र मृदुमुद्रा लग्ना भवति ।

संविदा (Contract) - अस्य पर्यायवाचिन: शब्दा: व्यवस्थापणा:, दायित्वस्वीकरणं, समञ्जनं वा वर्तन्ते । अत्र ते एव व्यवस्थापणा: अन्तर्भूता: भवन्ति ये विध्याधारेण अङ्गीकर्तुं शक्यन्ते ।

सीकरीसमिति: - 1980 तमे वर्षे विश्वविद्यालयानुदानयोगेन न्यायाधीशस्य एस.एम. सीकरीवर्यस्य अध्यक्षतायां समिति: परिघटिता । अस्या: उद्देश्यं भारते

मानवाधिकारशिक्षायाः वर्धनमासीत्। अनया विश्वविद्यालयेषु पाठ्यक्रमसञ्चाल्येन प्रतिपादितम्।

विश्वकार्ययोजना (WPA) – वर्ल्ड प्लान ऑफ एक्शन विश्वकार्ययोजना 1993 तमात् वर्षात् मानवाधिकारमूल्यानां संवर्धनाय सततं कार्यं विदधाति।

बुनियादीशिक्षा – सर्वे नैतिकसद्गुण-सदाचारान् शिक्षेरन्। धर्मसिद्धान्तः गौतमबुद्धशिक्षा अवसरः उदाहरणे स्तः।

शीतयुद्धम् – यदा देशद्वये सेनयोः मध्ये युद्धभयं भवेत् तदा तच्छीतयुद्धमिति कथ्यते।

सूफीज्म – धर्मः वर्तते यत्र सूफीजनाः आत्मनि विश्वासं कुर्वन्ति।

स्ट्रासवर्गप्रस्तावः – दलाईलामा 21 सितम्बर 1987 तमे वर्षे संयुक्तराष्ट्रमानवाधिकार-कांग्रेसं संबोधयन् पञ्चसूत्रीयशान्तिकार्यक्रमं प्रस्तावितवान्। तदैव 15 जून 1988 तमे वर्षे स्ट्रासवर्गप्रस्तावः इति नाम्ना प्रथितः। यत्र सांस्कृतिकबौद्धिकार्थिक-धार्मिकाध्यात्मिकस्वातन्त्र्यं भवति।

G 7 – इत्यत्र अमेरिका, ब्रिटेन, कनाडा, फ्रांस, जर्मनी, इटली, जापान इति ससदेशाः सम्मिलिताः सन्ति। प्रतिवर्षमेतेषामुपवेशनं जायते शीतयुद्धस्य समासे: परं सततं रूसदेशः सम्मिलित, अतः **G 8** इति साम्प्रतं जातमस्ति।

नॉन नॉएलेंस उत अहिंसा – हिंसायाः, अनुपस्थितौ क्रियात्मकसक्रियता शान्तिः च। अहिंसायाः सिद्धान्तः विश्वशान्ते: आदर्शं स्थापयति। ये सहजतया एव शान्तिपूर्णरीत्या मानसिकशान्तिं विस्तारयितुं शक्नुवन्ति।

सत्याग्रहः – राष्ट्रपिता महात्मा गान्धी ब्रिटिशसाम्राज्यवादस्य विरुद्धं भारतीयस्वाधीनतासंग्रामस्य नेतृत्वं कृत्वा शान्तिपूर्णतया स्वातन्त्र्यं दापितवान्। अत्र सत्यमेव सर्वमहत्त्वपूर्णं तत्त्वमासीत्।

1942 इन्टरनेशनल लीग ऑर ह्यूमन राइट्स (ILHR)

मानवाधिकारस्य सर्वप्राचीनसङ्घटनं वर्तते। इदं सङ्घटनं 1942 तमे वर्षे फ्रांसे स्थापितम्। 1942 तमे वर्षे यूरोपीयशरणार्थिनाम् अमेरिकनसिविल-लिबर्टीजयूनियन इत्यस्य संस्थापकः रोजर नैश बाल्डविनवर्यः न्यूयॉर्कनगरे समूहस्यास्य पुनर्गठनमकरोत्। 1976 तमं वर्षं यावत् मानवाधिकारेभ्यः अन्ताराष्ट्रियसङ्घटनरूपेण अभिमन्यते। 1947 तमे वर्षे सङ्घटनमिदं संयुक्तराष्ट्रार्थिकसामाजिकपरिषदा (Ecosoc) सह परामर्शात्मकस्वरूपं प्रदत्तम्। यस्मात् इदं सङ्घटनं मानवाधिकारहननसन्दर्भे

तन्त्रिकायसमक्षम् अभिमतं प्रदातुम् अधिकारं धरति। ILHR उत्तरकोरियादेशे मानवाधिकारविरुद्धापराधान् विरोद्धुं संयुक्तराष्ट्रस्य अन्ताराष्ट्रियगठबन्धनस्य सदस्योऽपि अस्ति। इयं समिति: सम्पूर्णदेशे चत्वारिंशता मानवाधिकारसङ्घटनै: निर्मिता। इदं सङ्घटनं बुद्धिजीविविभि: सामाजिककार्यकर्तृभि: मानवाधिकारसंरक्षणाय असर्वकारीयसङ्घटनरूपेण निर्मितम्। इदं सङ्घटनं विविधदेशेषु मानवाधिकारपरिज्ञानाय, शिक्षाप्रदानाय, स्वास्थ्यशिक्षाप्रदानाय च कार्यं विदधाति इति।

अन्ताराष्ट्रियसमितिरेड्क्रास-

जिनेवास्विट्जरलैण्डदेशे स्थिता इयं काचित् मानवीया संस्थास्ति। इयं वारत्रयं नोबेलपुरस्कारं प्राप्नोत्। इयं संस्था अन्ताराष्ट्रिय-आन्तरिकसशस्त्रसंघर्षै: पीडितानां रक्षायै जनादेश: वर्तते। इदमान्दोलनं विश्वे सर्वपुरातनं सम्मानितं च सङ्घटनं वर्तते। विश्वे सर्वाधिकमान्यताप्राससङ्घटनेषु एकं वर्तते। नवदशशताब्द्यां हताहतानां व्यवस्थायै किमपि सङ्घटनं नासीत्। तदर्थस्य सङ्घटनस्य मानवाधिकारसंरक्षणाय घटनं जातम्।

अन्ताराष्ट्रियविधेयक: (बिल) - कस्मिंश्चिदपि विषये अन्ताराष्ट्रियस्वीकृतये संस्थाप्यमान: प्रस्ताव:, य: प्राय: अन्ताराष्ट्रियसभायां स्वीकृतो भवति स: अन्ताराष्ट्रियविधेयक: उच्यते।

अन्ताराष्ट्रियप्रतिज्ञापत्रम् - कस्मिंश्चिदपि विषये अन्ताराष्ट्रियस्तरे किञ्चन समाधानम्, यत् साधारणत: विश्वे पञ्चसप्ततिप्रतिशतेन देशै: अभिमतं स्यात्, तदन्ताराष्ट्रियप्रतिज्ञापत्रम् उच्यते।

नागरिकाधिकार: - यान् अधिकारान् मानव: जन्मग्रहणमात्रेण प्राप्नोति यथा- सम्पत्तेरधिकार:, व्यक्तिगतजीवनसुरक्षाधिकार:, धर्मस्वीकरणाधिकार:, विचाराभिव्यक्ते: स्वतन्त्रताया: अधिकार:, विवाहस्वतन्त्रताया: अधिकार: इत्यादि।

राजनैतिकाधिकार: - कस्याश्चिदपि व्यक्ते: तस्य राष्ट्रस्य शासनव्यवस्थायां प्रत्यक्षाप्रत्यक्षरूपेण भागग्रहणस्याधिकार: राजनैतिकाधिकार: उच्यते। अत्र हि मतदानाधिकार: सङ्घटननिर्माणाधिकार: च वर्तेते।

आन्दोलनम् - कस्मिंश्चित् राज्ये उत्पन्नराजनीतिक-सामाजिकार्थिक-सांस्कृतिक- अव्यवस्थाभि: असन्तुष्टै: सद्भि: नागरिकै: कृत: विरोध: आन्दोलनम् उच्यते।

परिप्रेक्ष्यम् (परस्पैक्टिव)- कस्यचित् विचारस्य चित्रणस्य विश्लेषणस्य वा सा शैली, या तद्विचारं समग्रतया वर्णयति, तत्परिप्रेक्ष्यम् उच्यते।

मैग्राकार्टा – एतत् 1215 तमवर्षस्य इंगलैण्डदेशस्य प्रसिद्धं राजकीयं महाधिकारपत्रं वर्तते।

सुरक्षा – कस्याश्चित् व्यक्ते: व्यवस्थाया: धर्मस्य, संस्काराणां च सन्दर्भे असामाजिकतत्त्वेभ्य: कृत्येभ्य: संरक्षणं सुरक्षा उच्यते।

उन्नति: – स्वस्वाधिकाराणाम् उपयोगेन स्वजीवनस्याग्रे वर्धनम् उन्नति:।

लोकाचार: (इथो) – मनुष्यसमाजयो: सामान्य: आचारविचार: लोकाचार: उच्यते।

स्वीकृति: (एक्सेपटैन्स) – कस्यचित् प्रस्तावस्य सिद्धान्तस्य विचारस्य च मान्यताप्रदानेन स्वीकृते नाम स्वीकृति: वर्तते।

विचार: (आइडिया) – विचार: काचित् धारणा वर्तते यस्य निर्धारणं परिस्थितिजन्यं वर्तते।

शान्तिपूर्वावरोध: (प्रतिकार:) – कस्याश्चित् कृते शान्तिपूर्णरीत्या प्रतिकार: यथा– सत्याग्रह:, असहयोग: च।

धर्मनिरपेक्षता – किञ्चित् तादृशदर्शनं यत् केनापि धर्मेण विरुद्धं न स्यात्।

सामान्यन्याय: – सर्वेभ्य: निष्पक्षन्यायेन यत्र कस्यचिदपि कृते भेदभाव: न क्रियेत।

वर्ग: – वर्ग: प्राय: समानकार्यकर्तॄणां जनानां सामञ्जस्यपूर्णसमूहस्य प्रतिनिधित्वं करोति यथा– व्यापारिवर्ग:, कार्यकर्तॄणां वर्ग:, श्रमिकवर्ग:।

आर्थिकाधिकार: – मुख्यार्थिकाधिकार: जीविकोपार्जनस्य अधिकार: वर्तते, यत्र स्वकार्याधारेण प्राप्तपरिश्रमिकपूर्वकं व्यक्तिगतपारिवारिकस्तरे उचितजीवनस्तरस्य निर्माणाय अधिकार: सम्मिलितो भवति। अत्र एव श्रमिका: सामूहिकरूपेण सङ्घं निर्माय सुरक्षया स्वस्थेन श्रमपूर्वकं जीवनं यापितुं शक्नुवन्ति।

राजनैतिकाधिकार:– नागरिकाधिकारेभ्य: परमपि केचनाधिकारा: सन्ति– यथा मतदानाधिकार:, प्रत्यक्षपरोक्षरूपेण प्रतिनिधिचयनाधिकार:, राजनैतिकाधिकारश्च।

नागरिकाधिकार: – नागरिकाधिकाराणां तात्पर्यं नागरिकेभ्य: व्यस्थित– संरक्षणात्मकाधिकारै: वर्तते। यत्र अभिव्यक्ते: स्वातन्त्र्यं, बन्दीप्रत्यक्षीकरणं च सम्मिलिते। अनेनोद्देश्येन नागरिकेभ्य: न्यायव्यवस्थासौविध्यं प्रकल्प्यते।

सांस्कृतिकाधिकार: – सांस्कृतिकसम्पत्ते: सुरक्षाधिकार: अत्र समन्वित:। सांस्कृतिकसम्पत्ते: अनाधिकृतायात: निर्यातोऽपि वर्जित: वर्तते।

सामाजिकाधिकार: – सामाजिकाधिकार: सामाजिकविकासं संरक्षयन्ति। अत्र

सर्वाधिक: महत्त्वपूर्ण: विकास: भवति। विकासस्याधिकार: आधारभूत: अविभाज्य: अधिकार: वर्तते।

रचना – रचनाशब्द: कश्चन विस्तृतार्थयुक्त: शब्द:, यत्र समाजस्य प्रचलितमान्यतानां, रीतिपरम्पराणां, संस्काराणां विभिन्नजातीनां च विकास:, य: शनै: शनै: जात:। अर्थात् समाने तस्य विभिन्नाङ्गानि सन्ति, यत्र जीवजन्तूनां निरन्तरं विकासस्य क्रिया भवति, या च अत्र मानवाधिकारे रचनानाम्ना ज्ञायते।

संस्कृति: – संस्कृति: तेषां भौतिक-बौद्धिकसाधनानाम् उपकरणानां च सम्पूर्ण: योग: वर्तते येन मानव: स्वप्राणीशास्त्रीयसामाजिकावश्यकतानां संतुष्टिं स्वपर्यावरणस्यानुकूलं कुरुते।

रूढीवादी – पूर्वजेभ्य: वंशजै:, समाजात् स्वसदस्यै: हस्तान्तरिता: ता: रीतय: या: समाजे विशेषमान्यता: प्राप्नुवन्ति सा रूढीवादी उच्यते।

संघर्ष: – अन्येषाम् इच्छाविरुद्धप्रतिकार:, बलपूर्वकम् अवरोधविचार: प्रयत्न: संघर्ष: उच्यते।

स्वच्छन्दता – स्वेच्छया कार्यकरणम्। अत: प्रत्येकं व्यक्ते: इच्छानुसारं खादनं, पानं, स्वतन्त्रतापूर्वकं भ्रमणाधिकार:।

सकारात्मकाधिकार: – शिक्षाया: अधिकार: वर्तते यत्र 16 वर्षपर्यन्तं सर्वेभ्य: बालेभ्य: नि:शुल्का शिक्षा।

नकारात्मकाधिकार: – ते अधिकारा: ये पूजा-भाषण-भ्रमणादिषु प्रतिरोधं स्थापयन्ति।

मिश्रिताधिकार: – यत्र व्यक्तिगताधिकारेषु सामूहिकाधिकारेषु भिन्नता आयाति, ते अधिकारा: अन्येषां कृते योग्या: न सन्ति।

असभ्यता – अयोग्यक्रूरजनै: सह सम्बद्धोऽयं शब्द:। अस्य सभ्यता बहु प्राचीनता वर्तते। इयं ग्रीकजनेभ्य: निम्ना चिन्तयति।

सामुदायिकता – सा संकीर्णा मनोवृत्ति: या वर्ग-सम्प्रदाय-समुदाय-जनै: स्वार्थिकराजनैतिकस्वार्थानां पूर्त्यर्थम् अभिमन्यते।

कारावास: – अपराधिभ्य: समाजं सुरक्षयितुं, अपराधिभ्य: दण्डं प्रदातुं, अपराधिभ्य: एकान्ते अवसरं दापयितुं च। येन ते स्वीयदोषस्य विषये विचारपूर्वकं हृदयेन पश्चात्तापं कुर्यु: एतदर्थं कृता व्यवस्था कारावास: उच्यते।

पुष्टिकारकता (न्यूट्रीशयन)- पुष्टिकारकता तकनीकीरूपेण शरीरेण गृहीतशक्ते: मात्रा वर्तते यां व्यक्ति: प्रतिदिनं भोजनात् गृह्लाति । मानवाधिकारस्य सन्दर्भे पौष्टिकताया: बालकै: ग्रहणस्तर: एव समाजस्य विकासस्तरमापकचिह्नं वर्तते ।

संक्रामकरोग: - ते रोगा: येषां प्रसाद: जीवाणु-विषाणुभि: जायते ।

विधे: शासनम्-

ब्रिटेनदेशे विधिशासनं महत्त्वपूर्णं मन्यते । यस्यार्थ: सामान्यरूपेण ब्रिटेनदेशे शासनं विध्यनुसारेण प्रवर्तते, न तु कस्यचिन्मानवस्याधारेण । विधिशासनस्य पुस्तिकानुसारम्, अर्थ:- विधिकसमानताया:, या: सर्ववर्गाणां जनानां च साधारणन्यायालयेन प्रयुक्तादेशस्य सामान्यविध्यधीनेन वर्त्तते । विधिशासनस्य तात्पर्यमेवास्ति यत् बहव: विषया: सन्ति येषां संविधाने स्पष्टता नास्ति । ते न्यायालयानां निर्णयाधारेणैव अन्तिमरूपेण स्वीक्रियन्ते । विधिशासनं मानवाधारस्य आधारस्तम्भ: वर्त्तते । विधिशासनानुसारं विधि: सर्वोच्च: वर्त्तते । ब्रिटेनदेशे लिखितसंविधानाभावेन अन्यदेशेभ्य: अतिरिक्ताधिकारा: विधिशासनाधीना: प्रास्ता: सन्ति ।

उपसंहार: -

मानवाधिकारसम्बद्धा: बहव: शब्दा: तादृशा: सन्ति येषां परिज्ञानं सुतराम् अपेक्षितमस्ति । अत्र हि मानवाधिकारपरिज्ञानाय एतेषां लेखनं जायतेऽनेनैव सर्वदा सर्वविधसौविध्यकल्पनं भविष्यति । एतत्पुस्तकं जनानां ज्ञानस्य वर्धनाय लौकिकव्यवहारज्ञापनाय आवश्यकमस्ति ।

उपसंहाररूपेण अनुमातुं शक्यते यत् इमे शब्दा: सततं छात्राणाम् उपयोगाय भविष्यन्ति । तदनु छात्रा: सामान्याधुनिकविषयाणाम् अधिगमने च सामर्थ्यं धारयिष्यन्ति । सुतरां परिश्रमेण संस्कृतज्ञै: आधुनिकविषयाणां ज्ञानं प्राचीनदृष्ट्या प्राचीनविषयाणां ज्ञानम् आधुनिकदृष्ट्या च कर्तव्यम् । जीवने सर्वेण किमपि विधातुं श्रम: कर्तव्य: एव । वेदमन्त्रोऽपि प्रेरयति **'चरैवेति चरैवेति'** । सततं चलनीयमेव ।

परिशिष्टम् –1

श्रीलालबहादुरशास्त्रिराष्ट्रियसंस्कृतविद्यापीठस्य पाठ्यक्रम: –

उद्देश्यानि –

◆ भारते मानवाधिकारावधारणाया: परिचायनम्।

◆ भारतीयान्ताराष्ट्रियपरिप्रेक्ष्ये मानवाधिकारान् प्रति संवेदनशीलताया: विकसनम्।

◆ विशिष्टवर्गाणाम् अधिकाराणामवबोधनम्।

◆ मानवाधिकारसम्बद्ध-राष्ट्रियराजकीयमानवाधिकारायोगानां भूमिकाया: कार्यप्रणाल्या: च परिचयप्रदानम्।

◆ मानवाधिकाराय कार्यरतविभिन्नसंस्थानां भूमिकाया: परिचायनम्।

पाठ्यवस्तु (Content) –

अन्विति: – 01. मानवाधिकार: – अवधारणा, आवश्यकता, उद्देश्यानि, मानवाधिकारविकासश्च।

अन्विति: – 02 भारतीयान्तारराष्ट्रियपरिप्रेक्ष्ये मानवाधिकार: – मानवाधिकार-सार्वभौमिकघोषणापत्रस्य परिचय:, संविधाने वर्णिताधिकाराणां समानता, शिक्षा, जीवनं, स्वतन्त्रता, सम्मानम्, सामाजिकार्थिकाधिकारा:, कर्तव्यानि च।

अन्विति: – 03 विशिष्टवर्गाणामधिकार: – बालानां, सौविध्यवञ्चितानाम् अधिकारा:।

अन्विति: – 04 भारते मानवाधिकारसम्बद्धप्रयासा:– राष्ट्रियमानवाधिकारायोग:, राज्यस्तरीयमानवाधिकारायोग: बालायोग: इत्यादीनां संक्षिप्तपरिचय: कार्यप्रणाली च।

अन्विति: – 05 मानवाधिकाराय कार्यरता: विभिन्नसंस्था: – संयुक्तराष्ट्रसंघ:, जनसंचारस्य माध्यमानि स्वयंसेवीसंस्था:।

राष्ट्रियसंस्कृतसंस्थानस्य वैकल्पिकविषय:, पञ्चमपत्रम्-मानवाधिकारशिक्षा

उद्देश्यानि – अमुं पाठ्यक्रमम् अधीत्य छात्राध्यापका: –
मानवाधिकारस्य समानतायाश्च सन्दर्भे जागरूका: भवेयु:।

मानवाधिकारसन्दर्भे राष्ट्रियान्ताराष्ट्रियप्रयासै: परिचिता: स्यु:।

मानवाधिकारशिक्षणविधीनाम् अवबोधने क्षमा: भवेयु:।

मानवाधिकारजागरूकताप्रचाराय अध्यापकविद्यालययो: भूमिकाम् अवगच्छेयु:।

पाठ्यक्रम: (Content)

अन्विति: – 1. मानवाधिकार: ।

1.1 मानवाधिकाराणां सम्प्रत्यय:।

1.2 मानवाधिकाराणाम् आवश्यकता महत्त्वं च।

1.3 भारतीयसंविधाने मानवाधिकारा:।

1.4 आधारभूतमानवाधिकारा:– स्वतन्त्रता, समानता, शिक्षा, सुरक्षा, अभिव्यक्तिश्च।

अन्विति: – 2. मानवाधिकाराय प्रयासा:।

2.1 राष्ट्रियमानवाधिकारायोग:, तदुद्भव: प्रकार्याणि, क्षेत्रञ्च।

2.2 राज्यमानवाधिकारायोग: तदुद्भव: प्रकार्याणि, क्षेत्रञ्च।

2.3 स्त्रीणां, बालकानां सामाजिकोपेक्षितानां च विशेषाधिकारा:।

2.4 भारते मानवाधिकारान्दोलनानि।

अन्विति: – 3 मानवाधिकारशिक्षा।

3.1 बालानां विशेषसन्दर्भे अभिगन्तृशिक्षकयो: कर्तव्याधारिताधिकारा:।

3.2 सूचनाधिकार: (आर.टी.आई.) उपभोक्त्राधिकाराश्च।

3.3 मानवाधिकारजागराया: संवर्धने विद्यालयशिक्षकयो: भूमिका।

3.4 राजारामोहनराय:, गान्धी, बी. आर. अम्बेडकर: इत्येतेषां मानवाधिकारसम्बन्धिन: विचारा:।

अन्येषां संस्कृतविश्वविद्यालयानाम् आधुनिकविश्वविद्यालयानां च एतत्सम्बद्ध: एव पाठ्यक्रम: वर्तते। यश्च सर्वेषां जागरूकताया: विकासाय कार्यं विदधाति। तत्र प्रामुख्येण राजस्थानरामानन्दसंस्कृतविश्वविद्यालय:, श्रीकामेश्वरसिंहदरभंगासंस्कृत– विश्वविद्यालय:, तिरुपतिसंस्कृतविश्वविद्यालय:, सम्पूर्णानन्दसंस्कृतविश्वविद्यालय: चेत्यादीनां पाठ्यक्रमस्य परिज्ञानाय छात्राणां कृते इदं पुस्तकं मार्गदर्शनं कर्तुं प्रभविष्यति। अत्र वर्णिता: विषया: भारतीयसन्दर्भमवश्यं परिपोषयिष्यन्ति।

परिशिष्टम् -2
सन्दर्भग्रन्थसूची

- मानव अधिकार शिक्षण, प्रशिक्षण एवं संरक्षण (द्वितीयवर्ष) भारतीय मानव अधिकार संस्थान, डॉ. राहुल राय:, नई दिल्ली- 115030
- मानव अधिकार शिक्षण, प्रशिक्षण एवं संरक्षण (प्रथमवर्ष) भारतीय मानव अधिकार संस्थान, डॉ. राहुल राय:, नई दिल्ली- 115030
- भारत का संविधान, लोक सभा सचिवालय प्रकाशन दिल्ली 21 नवम्बर 2016
- गौतमधर्मसूत्राणि, डॉ. उमेशचन्द्रपाण्डेय:, चौखम्भा संस्कृत संस्थान, वाराणसी, तृतीय, वि.सं. 2056
- मनुस्मृति:, पं. हरगोविन्दशास्त्री, चौखम्भा संस्कृत भवन, वाराणसी।
- आपस्तम्बधर्मसूत्रम्, डॉ. नरेन्द्रकुमार आचार्य:, विद्यानिधिप्रकशान, दिल्ली, प्रथमसंस्करण- 2010
- याज्ञवल्क्यस्मृति:, पं. थानेशचन्द्र उप्रैति, परिमल पब्लिकेशन्स, दिल्ली, संस्करणं प्रथमम्- 2018
- आधुनिकहिन्दुविधि:, प्रो. किशोरचन्द्रमहापात्र:, उर्मिलामहापात्रपब्लिकेशन, उडीशा, 2010
- धर्मशास्त्र का इतिहास, पी.वी. काणे, अनुवादक- अर्जुन चौबे कश्यप:, उत्तरप्रदेश हिन्दी संस्थानम्।
- महाभारतम् - विकीपीडियात: (नेटद्वारा)
- https.//hi.m.wikipedia.org
- https.//hi.m.wikipedia.org
- nhrc.nic.in
- hi.vikipedia.in

वीडिया -1.संवैधानिकाधिकार- डॉ. ए. के. वर्मा
    2. मौलिकाधिकार - EDU, TERA
    3. मानवाधिकारायोग: - Jaypal Kajla
    4. मानवाधिकार एक दृष्टि- चन्द्र जी

टिप्पणी:–

आहार से करें उपचार
(जानें किस रोग में क्या खाएं?)

कल्याणी की मुद्रिका मृत्युलोक में

आपके अवचेतन मन की शक्ति

चिंता छोड़ो सुख से जियो

भारतीय भाषाओं में
की साहित्य-यात्रा

आपका आहार स्वास्थ्य का आधार

डेल कारनेगी
लोक व्यवहार
प्रभावशाली व्यक्तित्व की कला

योगी कथामृत
परमहंस योगानन्द

मानसरोवर
प्रेमचंद की मशहूर कहानियां
भाग-1

1 से 8 भाग

प्रेमचंद
प्रतिज्ञा

प्रेमचंद
संग्राम

प्रेमचंद
सेवा सदन

प्रेमचंद
प्रेमा

प्रेमचंद
पूस की रात

प्रेमचंद
मनोवृत्ति

प्रेमचंद
वरदान